割安成長株で2億円

実践テクニック100

弐億貯男
Nioku Tameo

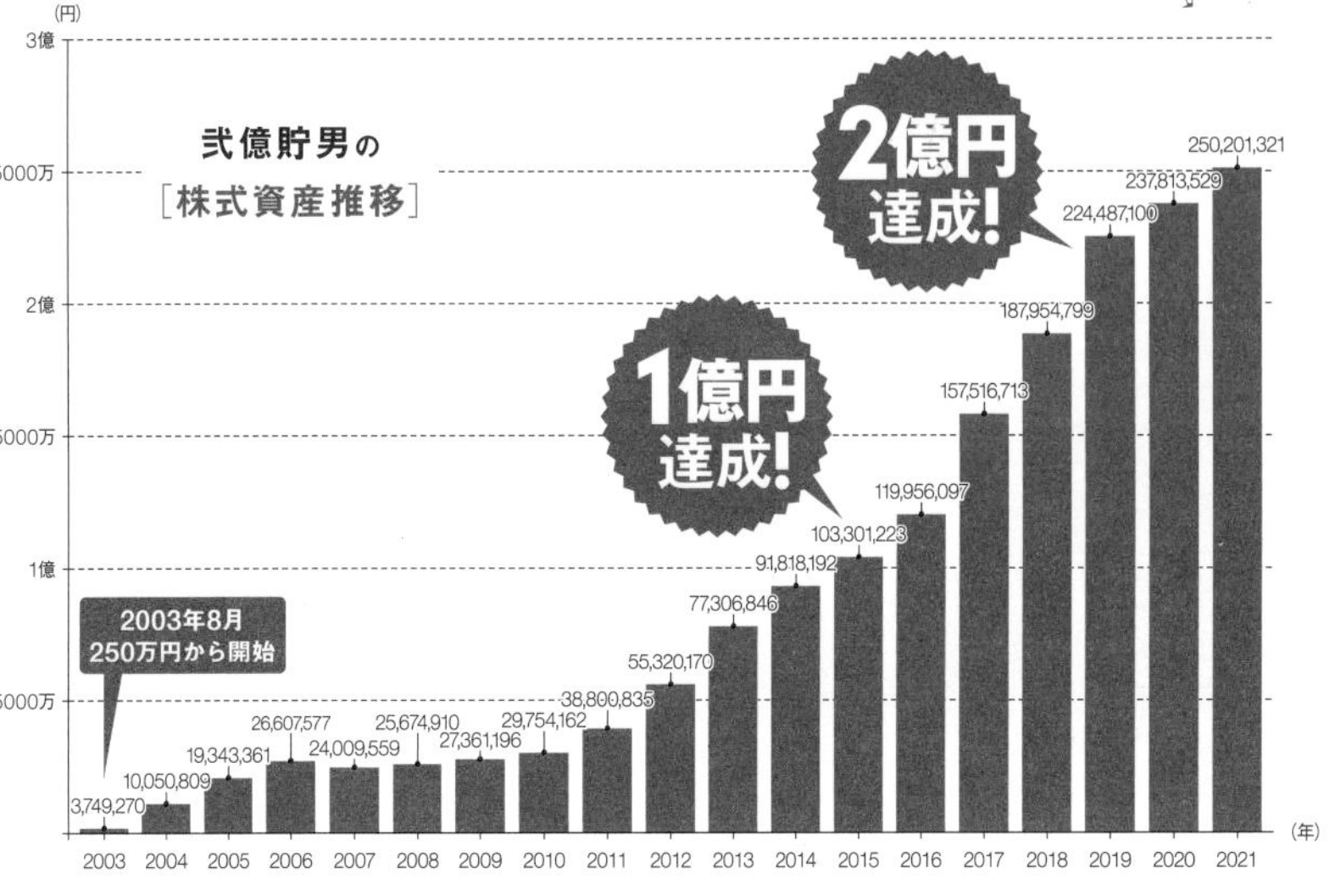

ダイヤモンド社

UCTION

はじめに

私は現在45歳、某企業に勤める現役サラリーマンです。

２００２年10月、入社3年目の27歳のとき、私は知識ゼロの状態から株式投資を始めました。それというのも仕事があまりにも辛くて、定年まで働き続ける自信がなかったからです。

それまで投資を一切したことはなかったのですが、自分が40歳代半ばとなる２０２０年までに、当時、会社員の生涯賃金とされていた2億円を株式投資で貯めてしまおうという壮大な目標を掲げたのです。

そして株式投資を続けたところ、２０１９年、当初の予定より1年早く43歳で資産2億円を達成。当初は、いまでいうところのＦＩＲＥ（経済的自立と早期リタイア）をするつもりでしたが、現在も会社勤めを続けながら資産3億円、５億円を目指して、株式投資を続けています。

すでに公的年金は、あてにできない時代となっています。年金受給開始年齢は、どんどん引き上げられ、さらにこの先、受給額も削減されかねません。「老後資金は自

INTROD

力で準備しなければならない」というのが常識となりつつあるように思います。そこで、私が株式資産を増やせた方法を広くシェアして、株式投資のハードルを下げ、多くの人に資産を増やしてほしいと本書を執筆しました。

本書は、2ページ完結の全100話で構成されています。大きな4つのSTEPからなっており、STEPを進むごとに中・上級者向けの内容にしています。とはいえ、1話読み切りなので、どこからでも気の向くまま、気軽に読み進めていただいても結構です。

「PER」「損小利大」「現金買付余力」など、くり返し登場するキーワードもありますが、「何度も言いたくなるほど、大事に思っているんだな」とご理解ください。

本書には、前著『10万円から始める！割安成長株で2億円』には盛り込めなかった、より具体的かつ実践的なメソッドを詰め込みました。本書を読み進めるにあたって、前著もご一読いただければ、より理解が深まると思います。

株式投資で資産1億円を超す「億り人」になるのは、決して難しいことではないと、私は自分自身の経験を通して思っています。本書を参考にして、給与や年金だけに頼らない経済的自立を目指してくだされば、著者としてこの上なくうれしいです。

CONTENTS

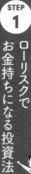

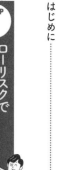

100

STEP 1

ローリスクでお金持ちになる投資法

PRACTICAL TECHNIQUES

TECHNIQUE 1/100

株式投資で資産を増やすなら中長期投資がいちばん

私は2002年に株式投資をスタートして、2019年に資産2億円を築くことができました。

この間、株式の売買で損したこともありました。しかし、そこから得た反省点を次の投資に活かし、成功したらその手法を踏襲していきました。すると、少しずつ歯車が噛み合うようになり、株式投資がうまく回るようになったのです。

そうやって私が最終的にたどり着いたのは、「割安成長株の中長期投資」。

株式投資で億単位の資産形成を狙うなら、基本的には私のように長い時間がかかります。だからこそ、腰を据えた中長期投資が向いているのです。

兼業投資家の会社員には、本業の仕事があります。専業投資家のようにパソコ

ン画面に張りついて短期的な売買をくり返す「デイトレード」や「スイングトレード」に没頭するようなことはできません。

デイトレードは1日、スイングトレードは数日程度で取引を終わらせるもの。**会社員に限らず、株式投資ひと筋の専業投資家以外には、短期投資は向いていないと私は割り切っています。**

これに対して中長期投資は、短い周期で頻繁に売買をくり返すのではなく、時間を味方につけて、数か月から数年のスパンで資産を増やしていく手法です。

短期売買には、投資に対する専門的なテクニカル分析やセンスが求められます。しかし、中長期投資は、株式投資に興味がある人なら、誰でも取り組みやすく、そしてトータルで見れば、成功確率も高まる方法だと私は考えています。

株式投資を始めた頃は、売り・買いでちょっと利益が出るとうれしくなり、株式投資が楽しくなって、売ったり買ったりをくり返したくなります。しかし、そんなことをしていると、資金が目減りしていきます。私自身、最初はそれで失敗したのです。その反省を踏まえつつ、中長期投資をすすめたいのです。

2/100

TECHNIQUE

PERを基準に割安成長株を探す

私が中長期投資の対象としているのは「割安成長株」です。

そもそも成長株とは、「売上高や利益といった企業業績の成長性が高く、今後もさらなる成長が見込まれる」という銘柄のことです。

成長株であっても、すでに株価が高値になっていたら、さらに上昇する伸びしろが限られます。すると中長期で保有し続けたとしても、大きな利幅を期待するのが難しくなります。狙い目は、成長株のなかでも、株価がまだ割安なもの。それが「割安成長株」というわけです。

割安株（バリュー株）とは、単に「安い株」ではありません。業績や資産の評価が低すぎるために、株価が本来の価値に比べて安くなっている株のことです。

割安かどうかを判断する基準はいくつかありますが、私が基準にしているのは、投資家にはお馴染みの「ＰＥＲ」（株価収益率）です。

ＰＥＲは、その会社が1年間（当期）に稼ぎ出した「純利益」に対して、株価が何倍なのかを示す指標。計算式は、次の通りです。

ＰＥＲ（倍）＝時価総額（現在の株価×発行済み株式数）÷当期純利益

ＰＥＲ（倍）＝現在の株価÷1株あたりの当期純利益という計算式もありますが、いずれにしても「**ＰＥＲが低いほど株価は割安**」と判断されます。

ＰＥＲがどのくらいならば割安なのかは、銘柄の特性や業種、株式市場の相場によっても変わってきます。

上場企業のＰＥＲは15倍程度が平均とされています。このことから以前はそれを下回るＰＥＲ10倍以下が割安株の目安とされていましたが、２０１２年のアベノミクス以降、株式市場は上昇相場が続いており、その影響で基準が下がり、ＰＥＲ20倍以下までが割安株とされています。私は個人的に、ＰＥＲ15倍以下（できれば10倍以下）を割安株の目安としています。

3/100

TECHNIQUE

他人の推奨銘柄を買っても儲からないと思え

私のブログのコメント欄に、「いま買うとしたら、おすすめの銘柄はなんですか?」といった質問をいただくことがあります。そう聞かれても、将来の株価は誰にもわかりませんし、責任も持てませんのでお答えできません。

株式投資は、自分で考えて自己責任で行うもの。言われてみればあたり前のことなのですが、他の投資家のツイッターやマネー誌の推奨銘柄をうのみにして、自分で調べることもせずに買っている人が結構多いのです。

私はわりと頑固なところがあり、他人にすすめられた銘柄を自分で考えもせずに買ったりしたことはありません。

株式投資では、**何を買うかという銘柄選び以上に〝買うタイミング〟が重要**で

す。他人が買って儲かった銘柄を真似して買っても、株価が上昇して割高なタイミングで買ってしまったら、儲かるどころか損をするリスクが生じます。

投資家は、株式を購入した後で判断を迫られる場面もたくさんあります。株価の変動にともなう損切りや利益確定のタイミングなど、それぞれの局面で適切な判断が求められます。他の投資家やマネー誌が、そこまで手取り足取り教えてくれるわけではありません。投資コンサルタントならそこまで面倒を見てくれるでしょうが、そのかわりに多額の顧問料の支払いを求められます。

そもそも他人の判断を頼りに株式投資をしていては、いつまで経っても株式投資の経験値が上がらず、初心者の域を脱することができません。やはり自分の頭で考えて銘柄選定をして売買のタイミングを決断することによって、自分なりのノウハウとスキルが身についてくるのです。

ただし、他人やマネー誌の推奨銘柄を参考にして、自分なりに分析を重ねて納得したうえで、好機を逃さずに買うのはアリだと思います。それは私自身もやっています。

TECHNIQUE 4/100

割安成長株で儲かる銘柄を探す5つのポイント

個人投資家の方から「どういう基準で探したら、割安成長株で儲かる銘柄が見つかるでしょうか?」という質問をいただくことがあります。

これに対する私の答えは、以下の5つのポイントをチェックすることです。

①直近2~3年から今期見通しにかけて増収増益傾向
②配当利回りが3%以上
③配当性向30%以上を公約
④ストック型ビジネス
⑤PER15倍以下(できれば10倍以下)

①は成長株かどうかのチェックポイントです。増収増益傾向かどうかは、「会

社名」「業績推移」でネット検索すればわかります。②の「配当利回り」とは、1株あたりの年間配当金額を、現在の株価（購入時の株価）で割って求めるもの。これは「会社名」「配当利回り」でネット検索すればわかります。

③の「配当性向」とは、純利益のうち何％を配当金に回しているか。30％以上あれば、増収増益が続く限り、配当金が増加するので、株価を下支えしてくれます。これも「会社名」「配当性向」でネット検索すればわかります。

④の「ストック型ビジネス」とは、インターネット・携帯・電気・ガスなど一度契約すると長期間にわたり継続的な売上高が見込めるビジネス。手がける企業は将来の業績が予測しやすく、安心して中長期保有できます。

⑤のPERは、株価が割安かどうかを判断するもっともオーソドックスな基準。私はPER15倍以下（できれば10倍以下）を基準としていますが、これも「会社名」「PER」でネット検索すればわかります。

この5つ全部でなくても、**少なくとも3つ以上該当するなら中長期保有する銘柄候補として有望です。**

5/100

TECHNIQUE

目標資産額を決めて「運用利回り」を逆算

私は投資を始めてほぼ1年経った2003年8月頃から、株式投資の取引記録をつけ続けています。そのとき「株式資産2億円を貯める」という目標を掲げ、達成時期2020年、運用利回り年率平均30％と設定しました。

なぜ2億円だったかというと、その頃の会社員の生涯年収が2億円だったから。そのうち1億円で配当利回り4％の銘柄を保有すると、配当金（インカムゲイン）として会社員の平均年収に匹敵する税引き前400万円の不労所得を毎年得られます。そうなれば早期リタイアも可能になります。残り1億円のうち、半分の5000万円で値上がり益（キャピタルゲイン）狙いの株式投資を続け、もう半分の5000万円は預貯金で寝かせておく目算でした。

この大きな目標が成し遂げられた理由の1つは、先に具体的な「目標額」を決めたからだと思います。「投資元本」「目標額」「達成時期」を決めると、必要な「運用利回り」を逆算できます。いまから考えると「年率30％」という目標はかなり高めの設定でしたが、投資生活前半で30％を超える運用益を上げ、後半は多少落ち込んだものの、平均すると年率30％の運用益を実現できて2019年に資産2億円を達成できたのです。

株式投資をするなら投資元本・目標額・運用年数から一度、運用利回りを計算してみましょう。ネット上の「金融電卓」(www.morningstar.co.jp/tools/simulation/)などを活用すると一発でわかります。

毎月30％の利益を出そうとすると早く利益確定したくなりますから、年間トータルで30％の利益を出すと考えたほうがいいでしょう。

仮に年15％の利益しか出なかったとしても、「含み益があるから、来年か再来年にはリカバーして年率30％をクリアしよう」というふうに、数年単位でとらえる考え方も大切です。

TECHNIQUE

6/100

堅実に株式資産を築く5つのOKポイント

株式資産を築くためのコツを手っとり早く知りたい人のために、5つのポイントをまとめました。基本的なことばかりですが、どれも重要です。

OKポイント❶ 取引記録をつける

保有株を売却した際の損益を記録しておきましょう。ちょっとの利益で早々に利益確定していたり、1回の損切り額が大きかったりという失敗が〝見える化〟されることによって、投資家としてのスキルアップにつながります。

OKポイント❷ 損切りを徹底する

含み損を抱えたまま株式を保有していると気分が落ち込んだりして、仕事にも差し障ります。含み損が拡大する恐れもありますから、躊躇なく損切りして、大

きな含み損を抱えた〝塩漬け株〟を増やさないように徹底。損切りすると気分がスッキリしますし、その時点で損失が確定して、それ以上の損失が避けられます。

OKポイント❸ 失敗から学ぶ

株式投資では、何度も失敗をくり返します。でも、それでいいのです。「億り人」も通る道です。失敗から学びを得て、同じ失敗をくり返さないように気をつけていれば、経験値が上がるにつれて運用成績も上がってきます。「失敗＝場数を踏むこと」ですから、失敗するだけでなく失敗から学ぶことが大事です。

OKポイント❹ 「話題の銘柄」ではなく「割安な銘柄」に投資する

人気の銘柄や知名度の高い銘柄は、株価が割高な可能性が大。不人気で知名度の低い銘柄に、株価が割安な銘柄が潜んでいます。投資すべきなのは、後者です。

OKポイント❺ 株式投資は余裕資金で

よくいわれる話ですが、これは重要な点です。余裕資金とは、万一ゼロになってもいいと思えるお金。投資を始めた当初は株価の日々の値動きにヤキモキしがちですが、余裕資金で運用していると、その心配がなくなるのです。

TECHNIQUE

7/100

堅実に株式資産を築く5つのNGポイント

株式で資産を築くために、避けるべきNGポイントを簡単にまとめました。

NGポイント❶ 他人の真似をしない

株式投資に関するブログやツイッター、マネー誌を読んでいると、魅力的に思える推奨銘柄や投資法に出合うことがあります。それを参考にするのは悪くありませんが、何も考えずにそのままそっくり真似るのはNG。自分にとってしっくりくる銘柄や手法に絞り、冷静にとり入れるようにしてください。

NGポイント❷ 利益確定してもすぐに株を買わない

利益確定すると、その分、現金買付余力が増えます。その資金で新たな銘柄を買いたくなりますが、そのタイミングが、狙っていた銘柄を購入するベストタイ

ミングとは限りません。焦らず、買うタイミングをはかりましょう。

NGポイント❸ 割安な銘柄がなくても妥協しない

焦ったり妥協したりして買った銘柄が、結果的に〝高値づかみ〟になってしまったという失敗を私は何度もしています。買いたいと思っていた銘柄の株価が上がってしまった場合、頭を冷やして一度諦めることも大事です。

NGポイント❹ 手を広げすぎない

株式投資にはデイトレードから中長期投資まで、さまざまな手法があります。あれこれ手を出すと、どれも永遠にビギナーのままです。それでは長期で資産は増やせませんから、1つの手法を深掘りして、スキルを磨いたほうがいいです。

NGポイント❺ 信用取引はしない

信用取引を活用すると、短期間で株式資産を数倍に増やせる可能性はありますが、反対にそれは資産をすべて吹き飛ばしてしまう危険も秘めています。会社員なら日々の生活は、給与収入で賄《まかな》えます。短期間で「億り人」を目指さず、現金で株式を取引する「現物取引」のみで、焦らずに資産を増やす姿勢が大事です。

8/100

TECHNIQUE

「PER＋売上高」で銘柄探しをする

株式投資を始めた頃は、どの銘柄を買えばいいのかわからないため、身近で誰もが知っている有名な銘柄ばかりを検討しがち。ですが、知っている銘柄だけを投資対象にすると、おのずと投資先が限定されてしまいます。そこで初心者にこそ活用してもらいたいのが、ＰＥＲ（株価収益率）です。

私は割安成長株投資を始めて2年ほど経った時点で、銘柄探しでＰＥＲを重視するようになりました。「ＰＥＲ15倍以下」「ＰＥＲ20倍以下」といった検索条件で口座のあるネット証券のスクリーニング機能を活用してふるい分け、残った銘柄を証券口座の「会社四季報」情報や企業の「ＩＲ情報」などで詳しくチェックします。14ページの5つのポイントをチェックして成長性があり、魅力的だと感じたら、たとえ自分が知らない銘柄でも積極的に投資してきました。

PERを活用するときに気をつけたいのは、業種によって平均値がマチマチなこと。PER15倍以下でスクリーニングすると、業界によってはほとんどの銘柄がヒットしてしまいます。たとえば、化学・機械・不動産といった業界では平均PERが10倍以下の銘柄が数多くあります。そういう業界ではネットで「PER」「化学」などのキーワード検索をして業界別のPERランキングを調べ、割安な銘柄を探します。ただし、PERだけでスクリーニングすると、多くの銘柄がヒットするので、絞り込みが必要になります。そこでプラスアルファの条件を加えながら、さらにスクリーニングします。いちばんに加える条件は、「売上高」。売上高が毎期10％以上伸びていたら成長性が高そうです。

純利益ではなく売上高を指標とするのは、純利益は本業以外の不動産売却益などで伸びたり、特別損失などで減ったりするためブレ幅が大きく、本当に割安な銘柄が引っかかってこないからです。さらに、配当利回り3％以上という条件にもマッチする銘柄なら、有望といえるでしょう。

9/100

TECHNIQUE

最初の軍資金で勝負して安易に追加入金しない

株式投資は、万一ゼロになっても困らない余裕資金で運用するのが大前提です。安定した収入がある会社員なら、株式投資のための余裕資金を貯めるのに、それほど苦労はしないでしょう。

私自身は入社3年目、27歳のときに余裕資金100万円で株式投資を始めました。それ以上は株式投資には使わないと当時の彼女（現在の妻）と約束したのですが、想定外の大損をして、内緒で150万円の追加資金を投入しました。この100万円＋150万円＝250万円が、最初の軍資金といえます。

それ以降は、余裕資金ができても、証券口座に追加入金していません。株式の売却益は再投資していますが、元手250万円だけで株式資産2億円超を達成し

たのです。

元手は大きいほうが株式投資の選択肢は広がります。現在すでに余裕資金が十分にあるなら、私と同じように１００万〜２５０万円ほど証券口座に入金。余裕資金が少ないなら、そこまで毎月少しずつ証券口座に入金してみてください。

しかし、それ以上は余裕資金ができても、安易な追加投入は控えるべきです。**損失が出るたびに、補填するように追加で資金を投入していたら、丼勘定になりがちだからです。**利益が出ているのか、損をしているのかが曖昧になりますし、失敗しても経験値が上がらない恐れもあります。

「失敗してもボーナスで補填すればいいや」などと逃げ道が頭のなかにあると、銘柄選定の基準が甘くなる恐れもあります。「追加入金はしない」と決めて真剣勝負をするほうが、個人投資家としての成長スピードも速まります。

運用益の再投資だけで回るようになれば、余裕資金は日常の生活を豊かにするために使ってみてはどうでしょうか。株式投資に資金をつぎ込むために、日々の暮らしを節約しすぎるのも、つまらないと思います。

TECHNIQUE

10/100

証券口座を利用して投資記録をつけておく

私は株式投資を始めた頃は利益確定が早く、回数も増えがちでした。損もしていたのですが、利益確定する回数のほうが多かったので、なんとなく「儲かっているんじゃないか」と考えていました。

しかし、実際は真逆だったのです。損失額のほうが多く、投資元本がかなり減っていて驚いた記憶があります。

そうした失敗体験があり、株式投資を始めてからおよそ1年後、2003年8月頃から投資記録をつけるようになりました。その習慣は、現在も続いています。

大きな株式資産を築くには、具体的な目標を立てることが大切ですが、**目標に近づけているかどうかは、投資記録を残しておかないとわからなくなります。**

私の投資記録のつけ方は、次の通りです。

私がメインで使っている証券口座はＳＢＩ証券ですが、サイトにログインして、「口座管理」→「取引履歴」→「譲渡益税明細」と進むと、1か月の売買損益を出すことができます。

そこで表示された損益金額合計をその月の実績としてエクセルに転記します。２００３年から毎月1列ずつ損益を追加していったので、現在ではエクセルのＨＦ列まで使ってしまいました。

これに加えて1年に一度の恒例行事として、年末に「譲渡益税明細」から1年間を範囲指定してデータを抽出。銘柄別の損益も記録に残しています。

私のように細かくやる必要はないかもしれませんが、なんらかの形で投資記録をつけたほうが、自分がどのくらい儲かっていて、どのくらい損をしているのかを客観的に把握できるようになります。

それにより、どこをどう変えれば自分の株式投資を最適化できるかというヒントを得られるようになるのです。

11/100

TECHNIQUE

大事なのは勝率ではなく売買のタイミング

株式投資を始めた頃、私はひそかに次のように考えていました。

「ある株を買った場合、株価は上がるか下がるかの2択だから、株価が上がる確率（勝率）は50％。だから、割高の銘柄を買わずに、業績が良い銘柄だけに絞って買えば、勝率を50％以上に上げることができる。それが株式投資で儲けるためのポイントだ！」

投資経験を重ねたいま考えると、非常に安易な考えでした……。

大切なのは勝率ではなく、売買のタイミングだということがわかったからです。

仮に、ある期間に保有銘柄の株価が下がって損切りした回数が3回、株価が上がって利益確定した回数が7回だったとします。勝率は70％です。

勝率70％なら儲かりそうに思えますが、損切りの金額と利益確定の金額によっては真逆の結果になることだってあるのです。

損切りした回数が3回でも、損切りした合計金額が100万円だったとします。また、利益確定した回数が7回あったとしても、利益確定の合計金額が80万円だったとします。

すると、(損切り100万円)＋(利益確定80万円)＝マイナス20万円となり、儲かるどころか、20万円の損失を被《こうむ》ったことになります。

逆に損切り7回、利益確定3回で、勝率30％だったとしても、両者の金額次第では利益が生み出せます。損切りの合計金額が80万円、利益確定の合計金額が100万円だとすると、(損切り80万円)＋(利益確定100万円)＝プラス20万円となり、20万円の利益が得られます。

株式投資で儲けを出して資産を増やしていくためには、損切りの金額を最小限に抑え、利益確定の金額を最大化する「損小利大」を目指します。 そのためには、損切りはできるだけ早く、利益確定はできるだけ遅くすることが基本です。

12/100

TECHNIQUE

SNSで目標額を公言「宣言効果」を活用する

株式投資で目標額などを決めたら、それをＳＮＳなどで公言してみましょう。すると、心理学でいうところの「宣言効果」を活用できます。

宣言効果とは、「自分の目標を他人に宣言すると、目標達成が容易になる」というもの。口に出したことが守れないとカッコ悪いので、より真剣に取り組むようになって、結果的に達成率が高まることが期待できるわけです。

ダイエットするなら「夏までに５kg痩せる！」と周囲に宣言すれば、スイーツの誘惑に打ち勝ってダイエットが成功する可能性が高まりそうです。英語学習でも、「今年中にＴＯＥＩＣ８００点をとる！」などと目標点数を宣言したほうが、勉強に身が入って実現しやすいでしょう。

同じように株式投資にも「宣言効果」が働いてくれるのではないかと思います。私は「宣言効果」という言葉すら聞いたことがありませんでしたが、意識しないままに、その恩恵を受けていた気がするのです。

株式投資を始めて間もない２００３年の段階で、私は**「株式投資で年率30％以上の運用利回りを確保し、２０２０年に株式資産2億円に到達する」**という数値目標を掲げたうえで、最初は株日記、続いてブログで宣言しました。

ふり返ってみると、2億円という目標額を公言したことで適度なプレッシャーがかかり、目標に向かって株式投資を続けるモチベーションが維持できたと感じています。

予定より1年早く、株式資産が2億円を超えたのは「宣言効果」の恩恵が少なからずあったと思うのです。

資産2億円をクリアした２０１９年には、**「株式投資で年率10％の運用利回りを確保し、２０２４年に3億円、２０２９年に5億円を達成する」**と宣言しました。今後も「宣言効果」を活用して、株式投資で資産を増やしたいと思います。

13/100

TECHNIQUE

IPOセカンダリー投資でカンタンに銘柄選び

割安成長株投資のなかでも、私が好んで行っているのは、IPO（新規公開株式）銘柄が、上場してから数か月を経て人気がなくなり、株価が割安水準まで下落したところで購入する「IPOセカンダリー投資」です。

なぜIPOセカンダリー投資をするかというと、銘柄探しに必要以上の時間と労力をかけなくても、有望な銘柄が見つかりやすいからです。

3800社ほどの全上場銘柄から、割安成長株を見つけ出すのは、干し草の山から針を探し出すようなもの。各種検索エンジンのスクリーニング機能を駆使しても、時間のかかる作業です。IPO銘柄（新規上場社）数は近年で、年間90社程度ですから、IPOセカンダリー投資の銘柄は比較的探しやすいのです。

そもそもＩＰＯ銘柄の多くは、成長戦略を掲げて上場します。なかでも、**目論見書や「成長可能性に関する説明資料」（東証マザーズの場合）の他、上場時の社長インタビューなどを通して「たしかに成長性がありそうだ」と判断した銘柄を、ＰＥＲなどの株価指数的に割安になったタイミングで拾って購入します。**

ＩＰＯ銘柄は成長を優先して、配当は当面無配にするところも多いため、ＩＰＯセカンダリー投資は配当利回り３％以上という条件は外したほうがいいです。

購入のタイミングについては、ＩＰＯ銘柄は、上場初日につく株価（初値）が事前の公開価格と比べて高値になることが多いため、私は初値では購入しません。ＩＰＯ銘柄の初値は売るタイミングとして適切だとしても、買うタイミングとしては適切ではないケースが多いです。

ＩＰＯ銘柄で気をつけたいのは、上場後にすぐ業績を下方修正する「上場ゴール銘柄」。ＩＰＯセカンダリー投資なら、上場ゴール銘柄を高値でつかむリスクも避けられます。また、成長性を期待して購入したのに、その予想を覆すような悪材料が出たら、迷わず損切りをすることを徹底しています。

TECHNIQUE

14/100

中長期投資の目安は3年先 10年先は誰にもわからない

アメリカの資産運用大手フィデリティが2003年から2013年までの10年間で顧客を調査したところ、もっとも運用パフォーマンスが良かったのは「すでに亡くなっている人」、その次に成績が良かったのは「運用をしていることを忘れている人」だったそうです。中長期投資の優位性を示すエビデンスとして、ネット上でもよくとり上げられるエピソードです。

中長期投資というと、10年とか20年といったロングスパンでの投資を指すと思われがちです。私は中長期投資を得意としているものの、**長くても3年を目安にするようにしています。**

フィデリティの調査のように、死んでからも持ち続けたら、株価が上がって儲

かる銘柄もあるでしょう。でも、それでは宝の持ち腐れになってしまいます。

それに、10年後、20年後に、投資先企業の業績と株価がどうなっているかは、最新のＡＩ（人工知能）でさえわからないでしょう。新型コロナウイルス感染拡大のような想定外の社会情勢や天変地異などにより、業績が激変することも考えられますし、会社が倒産して株式の価値がゼロになることだってあり得ます。

２００7年に一時４０００円を超えていた東京電力ホールディングス（９５０１）の株価は、４年後の福島第一原子力発電所の事故後、２００円台にまで下落。10年後の２０２１年（8月4日時点）でも、株価は２００円台です。

株式投資は、先行きがまったくわからない10年後の未来ではなく、多少なりとも予測がつく3年先の未来に対して行うべきです。**3年先ならＩＲ情報などから業績を見通せますし、自分なりに想像力を働かせることもできます。**

私が長く持ち続けている銘柄は、10年後、20年後を見据えているわけでも、ほったらかしにしているわけでもなく、つねに3年後の業績を見据えて検討・分析を重ね続けているものなのです。

TECHNIQUE

15/100

即損切りするか継続保有するか

私は「株価が○%下がったら損切りする」「株価が△%上がったら利益確定する」といった機械的に判断するルールを設けているわけではありません。ある程度の目安はあるものの、投資経験を踏まえた相場感に照らしながら、銘柄ごとにケース・バイ・ケースで売買判断を下しています。

保有している銘柄には、なぜその銘柄を買ったのかという理由が必ずあります。**その前提が崩れてしまうような悪材料（業績の下方修正）などが出てきた場合は、躊躇なく売却して損切りするようにしています。**株価の上昇イメージが持てなくなった銘柄を、「いずれ株価が戻ってくるかもしれない」という根拠のない願望にすがり、含み損を抱えたままで持ち続けるのは精神衛生上も良くありません。

しかし、保有銘柄の増収増益トレンドに変わりがなく、株式を割安と思えるタイミングで買えたのであれば、仮に株価が10％下がったとしても、急いで損切りすることは控えています。状況によっては、継続保有するだけではなく、むしろ買い増しの好機かもしれないと考えることもあり、一時的に含み損を抱えても、売るに売れない〝塩漬け銘柄〟とは別物だととらえるようにしています。

なんらかの基準がないと損切りに踏み切れないという人は、経験を重ねて自分の相場観が育ち、銘柄ごとに判断できるようになるまでは、ある程度ルール化するのもよいと思います。

そうした場合でも、値下がり幅1桁台（たとえばマイナス5％など）に損切りラインを設定してしまうのはリスクがあります。投資先企業の業績がよくても、市場の短期的な需給バランスの変化によって、株価は上下5％くらいの振れ幅があるものだからです。損切りラインを設けるなら、保有している銘柄の増収増益トレンドが変わらないとしても、株価が20％下がったらいったん諦めて損切りするといったルール化が有効なケースもあるでしょう。

16/100

TECHNIQUE

買いたい銘柄が次々出てきたら要注意

株式投資を始めてしばらくは、とにかく株式を買うのが楽しくて、気になる銘柄を見つけたら買いたくてウズウズするようになりがちです。

証券口座に無尽蔵の現金買付余力があるなら、買いたい銘柄を片っ端から買うことも許されるでしょうが、もちろんそれには限界があります。そのため、気になる銘柄を手に入れたいと思ったら、保有株を売却して現金化し、現金買付余力を捻出したい誘惑に駆られることもあります。

でも、その甘い誘惑には安易に乗らないほうが賢明です。

買いたい銘柄が出てきたから本来は売らなくてもいい銘柄を売るというのは、保有株の売却タイミングとしては正しくありません。

新たに手に入れた銘柄の株価が思惑通りに上がり、将来2倍株、3倍株、10倍株に化けるとは限りません。一方、売ってしまった株が、その先2倍株、3倍株、10倍株になることだって考えられます。

私のこれまでの経験上でも、買いたくなった銘柄が出てきて、そのために保有株を売ったケースでは、保有株を売らずに持ち続けていたほうが正解だったことが多かったです。

株式投資をする目的は、株式を買うことではありません。目的はあくまで、老後などに備えて資産を大きく増やすこと。買いたい銘柄を次から次へと買うことが、その目的達成につながるとは思いません。

買いたい銘柄が出てきたら、いったん「監視銘柄リスト」（ウォッチリスト）に入れてみて、他の買いたい銘柄と比較したり、業績や割安度を保有株と比べてみたりしましょう。

その結果、投資するのが得策だと思えても、保有株を売却するのではなく、証券口座の現金買付余力の範囲内で投資しましょう。

TECHNIQUE

17/100

銘柄ごとに利益確定の「期待値」を決めておく

相場観が育たないうちの損切りは、20％値下がりしたら一度撤退するといったルール化が有効なケースもありますが、利益確定には機械的なルールを設けず、できる限り遅くするように意識しましょう。

そもそも毎月安定した収入がある会社員は、利益確定を焦る必要はありません。それなのに、損切りと同じように、株価が20％上がったら利益確定するというふうに一律にルール化すると、その後、株価がさらに上昇して大きな含み益を得る機会を失うことも考えられます。

やはり利益確定は一律に決めるのではなく、株式を買うときに、「この銘柄はプラス30％まで売らない」とか、「この銘柄は2倍になるまで持ち続ける」といっ

た具合に銘柄ごとに利益確定の水準を決めておきます。

これは銘柄ごとの「期待値」のようなものであり、期待値を超えた段階で、利益確定するか、継続保有するかをあらためて考えてみるといいでしょう。

「利益確定は遅く」が大前提ですが、資産が少ないうちから、「株価が2倍になるまで絶対に売らない」などとは考えないほうがいいです。それだと現金買付余力が増えないので、新しい有望な銘柄が買えなくなります。「この株は2倍株に育つポテンシャルがあるな」「この銘柄は30％値上がりしたら儲けモノだ」などとメリハリをつけて考えることが大切です。私も「テンバガー」と呼ばれる10倍株を実現できたのは1回だけ。現実には、期待値に応じてプラス30～100％（2倍）での利益確定を重ねて、運用益の再投資で資産を増やしてきました。

やってはいけないのは、損切りしたタイミングで、「含み益がある銘柄を売って損を相殺しよう」とすること。その気持ちもわかりますが、そんなふうに損益のバランスをとっていたら、資産は一向にプラスになりません。損切りのタイミングと利益確定のタイミングは、分けて考えるようにしましょう。

TECHNIQUE 18/100

気になる40～50銘柄を登録 割安水準に下がるのを待つ

私はPER15倍以下（できれば10倍以下）を1つの目安としていますが、それをクリアしている銘柄が出てきた瞬間が、その銘柄を買うベストタイミングとは限りません。買い時を待ちましょう。

私は「Yahoo! ファイナンス」のポートフォリオ機能を活用しており、そこに常時、気になる40～50銘柄を登録しています。

1つのフォルダに登録できる上限が50銘柄。フォルダを増やせば、登録銘柄は200でも300でも増やせますが、それだと多すぎて手に余ります。私の場合、きちんとケアできる銘柄数が40～50銘柄というわけです。

この40～50銘柄は、監視を続ける「ウォッチリスト」ともいえます。値動きを

意識的にチェックし、自分が買いたいと思える株価水準まで下がるのをじっと待ち続けます。

株式市場が右肩上がりになる上昇相場では、ウォッチリストの銘柄がスルスルと上がってしまい、買いたいと思っていたのに買えなくなることがあります。そこで焦って買ってしまうと、他の投資家と同じ投資行動となり、思わぬジャンピング・キャッチ（高値づかみ）になることも少なくありません。

割安でない高値水準で買った銘柄は、株式市場が右肩下がりになる調整局面で株価が大きく下落することも多く、損切りを強いられた苦い経験を私は何度かしています。買いたい銘柄の株価水準への妥協は禁物です。

逆に、**自分が望んでいた株価水準で買えた銘柄であれば、そこから株価がさらなる下落に転じたとしても、機械的に損切りしないことです。**

業績が増収増益で好調であれば、事業の成長にともなう株価の上昇を期待して、即座の損切りは控えて保有し続けるようにしています。むしろ株価の下落を好機ととらえて買い増しする（買い下がる）という選択肢もあるでしょう。

19/100

TECHNIQUE

資産が大きくなるほど現金買付余力を増やす

証券口座内に現金（キャッシュポジション）を残さず、ほぼ全額を株式で保有するフルインベストメントを貫くスタイルの個人投資家もいます。私も初心者のうちはそうだったのですが、現金買付余力が少なくて苦労した体験を経て、つねに十分な現金買付余力を残しておくべきだと考えるようになりました。

そうでないと、買いたい銘柄が出てきて、割安になったタイミングで買おうとすると、保有している銘柄を売らなくてはなりません。その際、含み益が出ている有望な銘柄までも売ることになります。

しぶしぶ売った有望な銘柄の株価がその後上昇に転じれば、大きな利益確定のチャンスを逃してしまったことになります。

証券口座内の資産が大きくなるにつれ、現金買付余力を増やしていきましょう。

それは大きな損失を避けて、株式市場から退場しないためにも重要です。

資産100万円程度でも、20%くらいは現金買付余力を残しておきましょう。

80万円で買った株価が50%下がり、損切りしたとすると、40万円の損失が出ます。それでも20%の現金買付余力があれば、証券口座には60万円の現金が残りますから、株式投資を続けることが十分に可能です。

資産200万円以上になったら、30%以上は現金買付余力を残しましょう。

仮にフルインベストメントで500万円をすべて株式で保有していた場合、株価が50%下がって損切りすると、250万円の損失。この250万円の損失を株式投資で取り戻すためには、資産を2倍に増やす必要があります。

もしも、50%の現金買付余力を残して250万円のキャッシュがあれば、250万円分の株価が50%下がったとしても、損失は125万円に抑えられます。証券口座には375万円の現金が残っていますから、のちのちプラス30%の利益確定ができれば、損失はほぼリカバーできるのです。

20/100

TECHNIQUE

各社のカラーが出る決算説明資料で業績予想

私は銘柄ごとに「この銘柄は2〜3年でプラス30%の利益が得られそうだ」とか「この銘柄はプラス50%の利益が望めるかもしれない」といった想定をしています。その**想定のベースになるのが、四半期や半期ごとの「決算説明資料」**です。

同時に公表される「決算短信」は形式が決まっていますが、決算説明資料の形式に決まりはなく、今後の成長戦略や業績見通しなどが記載されています。

そこには、「こういうペースでの出店を続けます」とか「この新規事業を5年後までに500億円の事業規模まで成長させます」といった未来予想図が書かれています。そのストーリーが妥当なものだと思えれば、「業績の伸びに応じて株価はこれくらい上がるだろう」と想像してみるのです。

もちろん、決算説明資料に書かれていることが、すべて実現するとは限りません。決算短信と違って自由に作れる資料ですから、なかには投資家向けに意図的に〝盛った資料〟を作る企業もあるでしょう。

そこで**私は、過去の決算説明資料にも目を通すようにしています。**

2〜3年前の決算説明資料で語っていた将来の出店計画や業績拡大が、ほぼ予定通りになっている企業なら、今期の決算説明資料に書かれている内容も信頼度が高いと考えられます。逆に、過去に甘い見通しを立てて業績の下方修正を常習的にしていたり、株主にとってはネガティブな「増資」（株数が増えると1株あたりの価値が希薄化しやすい）をしていたりする企業は、決算説明資料にバラ色の業績予想が描かれていたとしても、真に受けるべきではないかもしれません。

2〜3年後、予測通りに業績が伸びて株価が30〜50％上がったとしても、そこで即、利益確定するわけではありません。その段階であらためて2〜3年先の業績と株価を想定して、「まだまだ伸びそうだな」と判断したら保有を続けます。このくり返しで2倍株、5倍株、10倍株を育てていくのです。

21/100 TECHNIQUE

ストック型ビジネスを展開している銘柄を狙え

私が好んで投資しているのは、ストック型ビジネスを展開している企業です。ストック型ビジネスとは、年間契約などを結んだ会員の確保などによって継続的な収益を得られるビジネスモデルです。

ストック型ビジネスという言葉を聞いたことがなくても、私たちは知らない間にそれを利用しています。生活に欠かせない電力やガス、携帯電話やインターネットといった公共ビジネスは、ストック型ビジネスの典型です。

投資家から見たストック型ビジネス銘柄の利点は、受注が積み上がるにつれて売上高が伸びることが想定できて、業績見通しをしやすいところ。たとえ受注が失速しても、それまでストックした売上高はすぐにはなくなりません。それだけに株価が急落するリスクが少なく、安心して中長期保有できます。

ストック型ビジネスで、私が現在投資している銘柄を１つ挙げましょう。

プレミアグループ（７１９９）は、中古車のオートクレジット（割賦販売）とワランティ（修理保証）事業が主力で、10年近く毎期２桁の増収増益を継続しています。クレジットもワランティも、営業・加盟店の拡大や営業人員の増員、既存加盟店へのテコ入れを通じて伸びていますから、ストック型ビジネスの成功事例といえるでしょう。２０２５年３月期には、売上高４１９億円、税引き前利益１００億円、時価総額２０００億円を目標に掲げており、実現すると４年で株価が５倍以上に伸びることも期待できます。

外食産業やアパレル業界に代表されるような小売業は、ストック型ビジネスとは対照的な売り切り型ビジネスです。一度利用した消費者が継続的な顧客となり、２回３回とくり返し通ってくれる保証はありません。それだけに月次の既存店売上高の増減に一喜一憂しがちです。アパレルでは冷夏でも暖冬でも売り上げが落ち、それを株価が敏感に反映して下落しやすいです。

22/100

TECHNIQUE

しっくりくる銘柄 しっくりこない銘柄

株式投資を長く続けていると、保有していて感覚的に「しっくりくる」銘柄と、「しっくりこない」銘柄があります。一般的に「しっくりくる」とは、「違和感がない」「自分にピッタリと合う感じがする」といった意味になります。

何がしっくりきて、何がしっくりこないのかは、多分に感覚的なものですから、その違いを言葉にするのは難しいです。

でも、あえて言語化するなら、**しっくりくる銘柄は保有していて安心感のある銘柄、しっくりこない銘柄は買ってはみたものの「買って良かったのかな?」という不安感をともなう銘柄といえます。**

ストレスなく中長期投資を続けるなら、しっくりくる銘柄に注力して、しっく

りこない銘柄はできるだけ減らしたいところです。

私にとってしっくりくる銘柄は、ストック型ビジネス、PER15倍以下、増収増益傾向、配当性向30％以上といった自分の投資基準を、全部ではなくてもいくつかクリアするもの。これならストレスなく長く持ち続けることができます。

もう1つ加えるなら、「IR情報の充実度と公開度」も、しっくりくるか・しっくりこないかを左右します。

上場企業でも、IR情報の充実度と公開度には、大きな違いがあります。決算説明資料などを自社サイトで気軽に閲覧できるようにしている企業もあれば、四半期の決算短信・決算報告書・適時開示情報だけを事務的に掲載しているような企業もあります。企業側から発信される情報が限られていると、その企業の成長性はどうなのか、事業環境がどうなっているのかが、個人投資家には見えにくくなります。

しっくりくる銘柄は公開される情報量が多く、その開示方法も利用しやすく工夫されており、安心感があるのです。

TECHNIQUE

23/100

新興市場の中小型株で小回りの利く中長期投資

私のようなサラリーマン投資家は、毎月の給料をもらいながら、プライベートの時間で株式投資をしています。だからといって、株式投資を仕事にしている専業投資家や機関投資家と比べて、不利だとは思いません。

それは私が割安成長株を対象とした中長期投資に特化したスタイルで投資しているからだと思います。

会社員は、株価チャートを映し出したスマホやパソコンの画面から目を離さず、ずっと株価の変化をモニタリングすることはできません。せいぜい、株式市場の取引時間中（平日9時～11時30分・12時30分～15時までの計5時間）、何回か株価をチェックするくらいです。

このスタイルだと、短期で売買をくり返すデイトレードやスイングトレードのような投資はできません。しかし、**ＰＥＲなどの株価指標に照らし合わせて割安な銘柄を買う投資法なら、むしろ株価を頻繁にチェックしないほうが、短期的な株価変動に惑わされて投資判断を見誤るリスクを下げられます。**

中長期保有が前提だと、なおさら短期的な株価変動を気にしなくて済みます。

割安成長株の投資先は、結果的に発行済み株式数が少なく時価総額で見て中小規模である中小型株が多くなります。発行済み株式数が多く、時価総額が大きな大型株は既存ビジネスの規模が大きく、有望な新規事業が立ち上がっても、全体の売上高や利益に与えるインパクトは微々たるもの。それだけに中小型株に比べると成長の余地（伸びしろ）が見劣りします。

一方、東証マザーズやＪＡＳＤＡＱといった新興市場に上場している中小型株は、外国人投資家や機関投資家があまり参入しないため、株価指数的に割安になっているものが見つけやすくなっています。そうした割安成長株を探し出して投資できるのは、小回りが利くサラリーマン投資家の強みだと考えています。

TECHNIQUE

24/100 ポイントを利用して株式投資をやってみる

クレジットカードやスマホ決済サービスなどで貯まるポイントを使った資産運用を試してみるのもおすすめです。

私が試してみたのは、スマホ決済サービス「PayPay」（ペイペイ）で決済に応じてもらえる「PayPayボーナス」のポイントによる資産運用です。

これはソフトバンク傘下のスマホ専業証券「PayPay証券」（旧One Tap BUY）が提供しているサービスですが、口座開設などの面倒な手続きは不要で、PayPayアプリ内から「ボーナス運用」を選択し、規約に同意して「次へ」をタップするだけで簡単に始められます。

投資先は、2種類の米国株のETF（上場投資信託）のみ。このうち私は米国株に分散投資する「SPDR　S&P500　ETF」を選びました。

この他、セゾンカードのポイント運用サービスでは、6つの投資信託から選べる「投資信託コース」と、株価に連動してポイントが増減する「株式コース」から投資先を選択できるようになっています。楽天証券では、楽天カードで貯めたポイントで、株式投資ができる「ポイント投資」を行っています。

クレジットカードなどのポイント還元率は決済金額の0・5％（1万円で50円）から1％（1万円で100円）程度ですから、これらのサービスを活用して株式などに投資できる金額はたかが知れています。将来に備えた資産形成をするうえでは、もの足りません。

しかし、**株式投資に抵抗感がある、あるいは余裕資金がないという人は、株式投資を始めるきっかけとして活用してみるといいと思います。**

クレジットカードなどで貯まったポイントは、完全に〝余裕資金〟。株式投資に失敗してポイントが減っても、ショックは少ないでしょう。株式投資の第一歩を踏み出したい人は、こうしたサービスを試してみるのもいいでしょう。

貯男'S POINT

お小遣い制のままでは
余裕資金は貯まりにくい

既婚のサラリーマンには、妻が家計を管理していて、月々のお小遣いをもらっている人が少なくないでしょう。

2021年に新生銀行が20〜50代のサラリーマンのお小遣いを調査したところ、月額平均約4万円だったそうです。そこからランチ代や飲み代を出したりしていたら、余裕資金はいつまで経っても貯まりません。仮にボーナスの使い道まで決められていたら、株式投資の道は事実上閉ざされてしまうでしょう。

私の転勤をきっかけに、私の妻は仕事を辞めて共働きではなくなりましたが、結婚当初からわが家はお小遣い制ではありませんでした。私は結婚前に株式投資の面白さを知ってしまったので、結婚後も株式をはじめとした投資を続けたいと思って妻と話し合い、私が給与から定額を生活費用の口座に毎月振り込み、残りの余裕資金は自由に使えるようにしたのです。お小遣い制の人は、ぜひ家族会議を開いて、株式投資に自由に使える余裕資金を確保する方法を考えてみましょう。

「老後に備えるには資産形成が不可欠だけど、預貯金だけでは足りない。だから、いまからでも資産運用を始めたい」と正直に話したら、「そんなことは考えなくていいから、お小遣い制で頑張りなさいよ」と拒絶されることはないように思います。内緒で株式投資すると、のちのち家族間のトラブルに発展する恐れもありますから、事前にきちんと話し合いましょう。

100

STEP 2

一生 お金に困らない 投資の秘訣

PRACTICAL TECHNIQUES

25/100

TECHNIQUE

株式投資に向いている人 向いていない人

これからの不透明な時代の荒波を乗り越えるため、資産運用は必要不可欠であり、その有力な選択肢として株式投資があります。

あるビジネス誌の取材で、私は「株式投資に向いているタイプ、向いていないタイプがあるのでしょうか？」という質問を受け、あらためて株式投資に向き・不向きがあるのかを考えてみました。

結論から先にいうと、**株式投資に興味がある人、株式投資が好きな人は全員、株式投資に向いていると思います。**私もその1人です。株式投資を始めて、すぐに購入したサイゼリヤ（7581）の株価が急落し、大きな含み損となったのに、そこで嫌気が差して株式市場から撤退しなかったのは、株式投資の面白さに目覚めて好きになっていたからです。

最初の頃は、小さな損失でもクヨクヨしたり、株価のちょっとした上下動にハラハラして仕事が手につかなくなったりするもの。こういう人が株式投資に向いていないかというと、そんなことはありません。それは単に初心者なら誰もが通る道だからです。私自身もそうでした。

株式市場から撤退せず、中長期投資を心がけていると経験値が上がり、クヨクヨしたり、ハラハラしたりといった心理的な動揺も抑えられるようになります。そうなれば、相場と自然体で向き合えるようになり、中長期投資で利益が出せるようになるでしょう。成功体験を重ねるうちに自信が芽生え、株式市場への興味と関心は、より高まるに違いありません。

株式投資に向いていない人がいるとしたら、それは株式投資に興味がなく、投資自体に無関心なタイプ。興味も関心もない人が証券口座を開いても、株式投資は長続きしないでしょう。実をいうと、私の妻はこのタイプ。株式投資に無関心な人は、投資信託の積み立てをするのがいいかもしれません。

26/100 TECHNIQUE

社長インタビューや転職サイトの口コミは宝の山

興味を持った銘柄に関して、「会社四季報」やIR情報以外からも何かヒントがほしいと思ったら、社長インタビューや転職サイトの口コミがおすすめです。「会社四季報」やIR情報は、数値に置き換えられる定量情報ですが、社長インタビューや転職サイトの口コミは、数値に置き換えられない定性情報を得られます。「会社名」「社長インタビュー」とか「会社名」「転職」「口コミ」などでネット検索をしてみると、いろいろと定性情報が得られます。

社長のインタビュー動画や記事は、企業トップの生きた言葉で成長戦略や競争優位性を見聞きできる貴重な機会となります。

私がテンバガー（10倍株）を達成したチャーム・ケア・コーポレーション

（6062）、九州を中心にロードサイドのビジネスホテルを手がけるアメイズ（6076）、賃貸住宅の一括借り上げ事業を展開する日本管理センター（3276）といった銘柄は、社長のインタビュー動画の視聴をもとに投資を決断しました。

上場企業であれば、転職サイトの口コミ情報が必ずといっていいほどヒットします。ネット通販で商品を買ったり、レストランを予約したりする前に、サイトの口コミ情報を参考にする人は多いと思います。同様に、口コミから、その企業の仕事環境・社風・福利厚生などの内部情報が得られることがあるのです。

私が好んで投資する介護業界でも、「休憩が少ない」「教育体制が整っていない」などといった情報を得ることができます。そして、あまりにも悪い口コミが多い企業は投資対象から外すようにしています。いずれ業績が落ち、株価が下がる懸念があるからです。転職サイト内の口コミをすべて見ようとすると、現在勤めている会社の登録を求められることもあります。会員登録まで進むと、その後不要な求人情報が送りつけられるかもしれないので、私は口コミを確認するにしても、会員登録をしなくても読める範囲にとどめています。

27/100

TECHNIQUE

株式投資は分散しすぎず適度な集中投資がいい

株式投資でよく知られている教訓に「卵は1つのカゴに盛るな」というものがあります。卵を1つのカゴに盛ってしまうと、もしカゴを落としたら卵が全部割れてしまいます。株式投資でも、1つの銘柄に集中投資していると、何かの理由でその銘柄がダメになると、大きな損失を被るリスクがあるという戒めです。

つまり、複数の銘柄に分散投資することが大事だという教訓なのですが、私が保有している銘柄は、株主優待目的で保有しているものを除くと、全部で8～10銘柄前後あります。投資総額からすると保有銘柄数は少なく、おそらく分散していない部類に入るでしょう。教訓に背くようですが、基本的には分散しすぎないほうが良いと考えています。その理由は2つあります。

1つ目の理由は、**何十銘柄も保有していると、それぞれの株価の動向やIR情報などに目が行き届かなくなること。**サラリーマン投資家の私には、株式投資に向き合える時間に限りがあります。限られた時間内で、1つひとつの銘柄を丁寧にケアするなら、銘柄数は絞ったほうが無難です。

2つ目の理由は、**分散しすぎて銘柄数が増えるほど、1銘柄あたりに投資できる金額が少なくなること。**ある銘柄の株価が急騰して数倍に上がり、そこで利益確定できたとしても、得られる利益は限られます。2000円で100株買った銘柄が5倍株になり、80万円の利益が出たとします。これが500株買えていたら、利益は400万円になっていたはずなのです。

なお、分散しすぎない投資では、現金買付余力を残しておくのが前提。分散しすぎない投資では大きく儲けられる半面、損切り時には損失も大きくなります。**現金買付余力を20~30%以上残したうえで、証券口座の資金が100万円以内なら1~2銘柄、200万円以内なら2~3銘柄、500万円以内なら3~4銘柄程度がほどよい分散投資の目安だと思います。**

28/100

TECHNIQUE

買うか買わないか迷ったら買わない

以前、私の妻が「買いたいものを買わずに後悔するより、買って後悔するほうがいい」と話していました。その理由は、「買わなかったら、後悔をずっと引きずってしまうけれど、買ったらその買い物が失敗だったとしても、失敗を次に活かせる」からだそうです。

ネット通販などでも、買うか・買わないかを悩むことはちょくちょくあります。それは株式投資でも同じこと。株式を買うか・買わないかで悩んでいたら、どうするのが正解なのでしょう？

株価をウォッチしていた銘柄があり、買うか・買わないかを散々迷った挙げ句、買わないと決めた直後に株価がスルスルと上がったということが、投資経験が長

い人なら何度かあるでしょう。それは「機会損失」ではありますが、実際に保有資産が減ったわけではありません。

損した気持ちになったり、「機会損失」が嫌だったりといった理由で、「迷ったら買う」と決めると、買ったあとでその銘柄の株価がどんどん下がることも同じくらいの確率で起こります。 そうなると「買うんじゃなかった」という後悔が残るだけでなく、保有資産も実際に減ってしまいます。

私の妻が言うように、失敗を次に活かすことは大切です。しかし、そもそも株式購入を迷っているという時点で、業績見通しや成長戦略などに関する情報が不足しているのです。不十分な情報で、迷いながら売買してはいけません。

株式相場が暴落した後のリバウンド局面や、買いたいと思っていた銘柄の株価が下がり始めたタイミングで、買うか・買わないかで迷うことがよくあります。

そういうときは「いまだ、買いだ！」と飛びつくのではなく、相場や株価の方向性をつかめるまで、手を出さないほうがいいと思います。その間に相場や株価が上昇に転じたとしても、「今回は縁がなかった」と割り切るのです。

29/100

TECHNIQUE

IPOブックビルディングはローリスク・ハイリターン

私は割安成長株投資としてIPOセカンダリー投資を得意としていますが、証券会社が公募する「ブックビルディング」に参加して、IPO銘柄（新規上場社）を買うこともあります。

ブックビルディングとは、IPO銘柄の経営状況や機関投資家などの意見をもとに、その企業やIPOの幹事証券会社が「公開価格」を仮決定する仕組み。その価格でブックビルディング（予約の積み上げ）をしつつ、投資家の需要や価格変動リスクなどを勘案して、公開価格が正式決定されます。

公開価格でIPO銘柄を買うためには、証券会社を介してブックビルディングに参加する必要があります。IPO銘柄は公開価格より上場時の「初値」が大幅

に値上がりするケースが大半で人気のため、限られた株式の奪い合いになることが多いです。ブックビルディングに参加するのは、宝くじを買うようなものですが、ローリスク・ハイリターンの投資なので、参加しない手はありません。

私は有望だと思ったＩＰＯ銘柄のブックビルディングに関しては、必ず参加するようにしています。運良く〝宝くじ〟に当たったら、**上場日に初値で売却して利益確定するようにしています。**

私が当選した「比較．ｃｏｍ」という銘柄（現手間いらず・２４７７）は、たった1株だけ当たったのですが、それだけで利益２２５万円を得られました。この他にも、ＩＲＩユビテック（現ユビテック・６６６２）では利益１９４万円、アスキーソリューションズ（上場廃止後、事業譲渡）では利益１５３万円を得ています。いずれも1株だけ当たって、初値で売却して得られた利益です。

近年は1年に90銘柄ほどのＩＰＯ案件があります。1年に1銘柄でも当たれば御の字ですが、外れるのは承知のうえ、「当たればラッキー」くらいの感覚で、私もちょくちょくブックビルディングに参加しています。

TECHNIQUE 30/100

IPOブックビルディングに当選したらNISAを活用

「NISA」（少額投資非課税制度）を活用しているでしょうか？ NISAは、20歳以上の口座開設者が対象で、株式投資や投資信託などの売却益・配当金・分配金が非課税となる仕組み。非課税投資枠は年間120万円まで、非課税期間は5年間です。

通常のNISAよりも、非課税期間が20年と長くて投資信託の積み立てに向いている「つみたてNISA」を選択する人も多いようです。

つみたてNISAは、20歳以上の口座開設者が対象で、あらかじめ指定された投資信託から得られる譲渡益や分配金が非課税となります。年間の投資額は40万円までです。

私自身はつみたてNISAではなく、通常のNISAを利用しています。

とはいえ、私は通常の株式の売買にNISAは使っていません。非課税投資枠が年間120万円と少なく、そこまで大きな金額を投入できないからです。年間120万円を超えて運用すると、NISA以外の「特定口座」もしくは「一般口座」との併用となり、口座間での売却益・配当金・分配金の損益通算はできません。このようにNISAには税制上のメリットと同時にデメリットも生じるため、個人的には使いにくいと感じています。

私のNISAのおトクな使い方は、新たにIPO（新規株式公開）する企業のブックビルディングに参加して、運良く当選したときのみ、NISA口座を活用する方法です（楽天証券などNISA口座でIPO銘柄を購入できない証券会社もあります）。

有望なIPO銘柄は、公開価格より上場時の初値が大幅に値上がりするケースが大半ですから、そんなIPO銘柄の売り出しに当選したときだけ、特定口座や一般口座ではなく、NISA口座で購入します。そうすれば、売却益にかかる税金（20・315％）が非課税となるのです。

31/100

TECHNIQUE

売買は年間10銘柄以内厳選して少なめに抑える

株式投資を始めた当初、私は年間に20～30銘柄ほどを売買していました。それから経験を積んでだんだんと売買頻度は少なくなり、2021年現在では、年間10銘柄以内の売買になっています。

最初の頃、盛んに売買をしていたのは、利益確定のタイミングが早すぎたことが主な理由でした。〝初心者あるある〟でもありますが、株価が少しでも上がるとうれしくなり、利益確定の誘惑に負けてしまいがちなのです。利益確定して現金買付余力が生じると新しい銘柄が買いたくなり、それが少しでも値上がりすると利益確定に走る……。これをくり返していたのです。利益確定が早すぎたため、回数が多かったわりに、株式資産は思ったように増えませんでした。

その後、成長が続いている有望な銘柄への〝握力〟を強めることができるようになりました。保有期間が長くなり、利益確定が遅めになるにつれて、売買頻度は徐々に減ったのです。有望銘柄の保有期間が長くなると、大きな値上がり益が得られるようになり、株式資産も増えてきました。

短期間で頻繁に利益確定をする「回転売買」のような投資スタイルではなく、どっしり腰を据えた中長期保有が基本なのですから、年間10銘柄以内の売買が良いと考えています。

仮にプラス30～50％の値上がり益を得ようと思ったら、少なくとも半年から1年はかかります。それ以上なら、さらに期間を要します。

売買数を絞る分だけ、銘柄選びには時間をかけて、厳選に厳選を重ねます。そのほうが、長期的には株式資産を増やせると思います。ただし、売買頻度が多くても少なくても、損切りの決断だけは早め早めにします。私は、悪材料が出て業績の下方修正が発表されるなどして、投資が失敗したと気づいた銘柄は即売却するようにしています。

32/100

TECHNIQUE

PERを活用するとき注意したい3つの落とし穴

割安成長株のPER（株価収益率）の目安は15倍以下（できれば10倍以下）ですが、なかには「こんなに良い銘柄なのに、なぜPER15倍以下なのだろう？」と思わずにはいられないものもあります。

そういう銘柄と出合ったときは購入を急がず、以下の3つのポイントをチェックするようにしています。

これはPERを活用するとき、〝思わぬ落とし穴〟にハマらないための工夫でもあります。

❶今期の「純利益」見通しに「特別利益」が計上されていないか？

PERの算出対象となる「純利益」に、保有していた不動産の売却など、その企業の事業内容や本質的な価値とは関わりのない臨時的な「特別利益」が計上されていると、PERが一時的に割安になることがあります。

❷ 直近で株式分割を実施していないか？

直近で1株が2株に株式分割された場合、「1株あたり純利益」は2分の1になり、株価は分割が反映されて半値になるのですが、「会社四季報」や決算短信の当期1株あたりの純利益は情報が更新されておらず、それが反映されていないことがあります。すると、「株価（1株）÷1株あたり純利益（1年）」で計算するPERは、本来は30倍にもかかわらず、15倍と割安に見えてしまいます。

❸ 直近で業績見通しの下方修正などの悪材料を発表していないか？

直近で業績見通しの下方修正を発表して株価が急落した場合、「会社四季報」や証券会社のシステムの「1株あたり純利益」の情報が更新前で、PER的に割安に見えることもあります。実際は業績の下方修正で純利益が減少すると、当然ながら「1株あたり純利益」も減ります。そうなると、本当のPERは高くなりますから、注意が必要なのです。

33/100

TECHNIQUE

株主総会に参加するより決算説明会をチェック

私は1度も株主総会に参加したことがありません。その理由は2つあります。

1つ目は、株主総会は平日に開催されることが多いため、会社員である私は出席しにくいこと。

2つ目は、株主総会が儀式的な内容になりがちで、出席する積極的な意義が見出せないこと。あらかじめ定められた議事進行ルールに従って議長が総会を進行し、営業・監査報告、議案承認などを粛々と行っていくだけですから、個人投資家がわざわざ参加するメリットをあまり感じないのです。

コロナ禍を経てオンライン株主総会が主流となり、会社員でも参加しやすくなったとしても、私は積極的に参加するつもりがありません。

私は株主総会よりも、決算説明会のほうを重視しています。

決算説明会は、残念ながら個人投資家の参加が認められておらず、出席者はマスコミやアナリストなどに限られます。それでも、最近では決算説明会のライブ配信をする企業が増えています。

ライブで観られなくても、決算説明会の当日には決算説明資料がホームページにPDF形式などでアップされます。

決算説明資料では、まずは売上高・営業利益・経常利益・当期利益・配当といった比較的わかりやすいデータをチェックします。

続いて、「今期はこうした事業を展開し、売上高がこれくらい伸びた」とか「来期以降は、こうした事業に取り組みたい」といったコメントにも目を通します。

決算説明資料はそれほど長いものではなく、難しいことが書かれているわけでもありませんから、全部目を通すといいでしょう。

私が決算説明資料を読み込むのは保有銘柄と、動向を追っているウォッチリストのなかでも「株価がもう少し下がったら、買いたい」と注視している銘柄です。

TECHNIQUE 34/100

下落相場では空売りより買わないこと

20年近く株式投資を続けていますが、私は証券口座に入金した現金で投資する「現物取引」のみで、「信用取引」をしたことは一度もありません。

信用取引とは、担保として現金や株式を預けて、証券会社からお金を借りて株式を買ったり、株券を借りてそれを売ったりする取引のことです。

預けた担保評価額の最大約3・3倍（ネット信用取引は約2・85倍）まで取引できます。いわば借金をしてレバレッジをかけ、資産増加を早める手法です。

信用取引をすると、購入した銘柄の値上がり局面では大きなリターンが望める半面、値下がりした場合は大きな損失を被るリスクを抱えます。単純な話、3倍儲けられるということは、3倍損をすることも考えられるということです。

私は信用取引をしたことはありませんし、兼業投資家全般にすすめられる手法ではないと思っています。信用取引は、ハイリスク・ハイリターンで、短期で大きなリターンを得ようとする、やや投機的な手法です。

コロナ禍で訪れたような株式相場の下落局面では、信用取引による「空売り」で利益を上げることもできます。

空売りとは、所有していない株式を、借りて売る取引のこと。現物投資では「安く買って、高く売る」ことで利益が得られますが、空売りでは「高く売って、安く買い戻す」ことで利益が得られます。

ただし、下落局面で空売りをしたからといって、思惑通りに儲けられるとは限りません。**下落相場で損失を負うリスクを減らす最良の方法は、空売りに走ることではなく、「買わないこと」だと私は考えています。**

空売りを好む人にとって、それは機会損失なのかもしれません。しかし、資産が実際に減るわけではないので、空売りに走るくらいなら、機会損失は甘んじて受け入れるほうを私は選びます。

35/100

TECHNIQUE

中小型株への投資でオーナー気分を味わう

私が保有している銘柄では、発行済み株式数が少なく時価総額が小さめの中小型株が占める比率が高いです。中小型株に絞って狙い撃ちにしているわけではなく、結果的にそうなっているだけです。

東証マザーズやＪＡＳＤＡＱといった新興市場の中小型株には、新たな事業が成長のエンジン役としてきちんと機能して、毎期2桁成長を続けているような銘柄がザラにあります。

そこから、ＰＥＲで株価的に割安と判断できたものに投資しているのです。

また、前述したように、私はＩＰＯセカンダリー投資を好んで行っています。おさらいしておくと、これはＩＰＯ（新規株式公開）後に人気が下火になって割安になった銘柄に投資する手法です。

IPOセカンダリー投資で拾いやすいのは、東証二部の銘柄です。

東証二部には、東証一部上場を見据えた中小型株が多く、上場時に売り出す株式が多くて割高になりにくいため、割安成長株がピックアップしやすい環境にあるのです。

私は現在、1銘柄あたり最大400万〜500万円を投資しています。時価総額20億円の中小型株へ400万円投資したとすると、発行済み株式全体の0・2％を保有している計算になります。

「株主は企業のオーナーだ」といわれます。普段はそういわれてもピンときませんが、発行済み株式の0・2％を保有すると、サラリーマンでありながら企業のオーナー気分を味わえます。

過去には私の株式保有割合が0・38％まで高まった銘柄もあります。いつの日か、どこかの企業の株式を1％くらい保有してみたいと思っています。時価総額が小さい中小型株への投資ならば、いつの日か実現できるかもしれません。

36/100

TECHNIQUE

利益確定後に株価が爆上げしても後悔しない

損切りした銘柄が、その後、株価上昇に転じることもあれば、利益確定後に、売却した銘柄の株価がさらに上がるケースもたびたびあります。

利益確定した後、株価がグングン上昇して10倍以上になってしまった銘柄もあります。その具体例を挙げましょう。

転勤者などを対象に留守宅の賃貸管理をするリロケーション事業や企業の福利厚生代行サービスなどのリログループ（８８７６）、官公庁や企業の福利厚生業務「ベネフィット・ステーション」の運営を手がけるベネフィット・ワン（２４１２）、リースファンドや不動産ファンドなどを手がけるＦＰＧ（７１４８）、人材サービス事業や製造アウトソーシングを手がけているｎｍｓホールディングス

（2162）などは、2倍株になった段階で利益確定しましたが、その後、最終的には買値から10倍以上に上昇しました。

「あのとき売らなければ……」と思いたくなりますが、負け惜しみでもなんでもなく、利益確定後の銘柄が爆上げしても、私はそれほど後悔していません。そのときの利益確定額に納得して売却していますので、それはそれで良かったと思っているのです。

爆上げ前に売ったことを後悔したくなったら、その悔しさをバネに「利益確定が早すぎたから、次はもう少し長く保有しよう」と反省を活かすようにします。

そうすることで、有望株を持ち続ける〝握力〟が少しずつ強くなり、利益確定のタイミングを遅くして、利益の最大化につながります。

「後悔」と「反省」は違います。前述の銘柄で、株価が2倍ほどになり利益確定した後、10倍以上に上昇するという体験をしているからこそ、〝握力〟が強まって利益確定を焦らなくなり、それが介護つき有料老人ホーム運営のチャーム・ケア・コーポレーション（6062）で10倍株の実現につながったと思っています。

37/100

TECHNIQUE

一度損切りした銘柄も再度投資して成功する

一度損切りした銘柄は投資対象から外してしまい、株価のウォッチリストからも削除して、二度と見ないという個人投資家は多いかもしれません。でも、私は、損切りした銘柄でも、その後も業績の成長が望めそうな銘柄はウォッチリストに残しておいて、株価のチェックを続けています。

損切りした銘柄であっても、一度保有した銘柄は企業情報も値動きのクセなどもよくわかっています。ですから、まったく知らない銘柄より、次回はより適切なタイミングで購入することによって、利益を得られる可能性もあるのです。

ハビックス（3895）は、そうした成功例の1つです。ハビックスは、おしぼりなどに使用する不織布や、紙おむつなどに用いる衛生用紙の製造企業です。

1回目に買ったときは、株価が下落して損切りしましたが、その後、中国向けの紙おむつの需要拡大で工場を新設・増床して右肩上がりの成長を続けました。その過程で2回購入し、2回とも株価の上昇にともなって利益確定できました。

これまでの成績は2勝1敗なのですが、最終的な損益は900万円以上のプラスとなっています。ハビックスは近年、中国向けの需要が減少したことと、新型コロナウイルスの感染拡大のあおりを受けて外食産業でのおしぼり需要が激減したため、業績が悪化して株価も低迷しています。しかし、自社製の不織布でマスクの製造・販売も始めましたし、アフターコロナで外食産業が持ち直せば株価、業績の回復が見込めるかもしれません。

損切りした銘柄の株価チェックを続けるデメリットとして、その銘柄の株価が上昇に転じると、精神的なショックを受ける点が挙げられます。私にも損切りした後に株価が10倍以上になった銘柄がいくつもありますが、神戸物産（3038）にいたっては、損切り後に株価が50倍以上になりました。悔やんでも仕方ないので、損切りでひと区切りつけたと割り切っています。

COLUMN

割安成長株で2億円達成までの戦歴①

2002年10月、私は証券口座を開設して株式投資をスタートしました。投資元本は100万円。株式投資の元手を100万円以内にするのは、妻（その頃はまだ結婚前）との約束でした。

最初に買った銘柄は、自分に身近なゲーム関連銘柄と外食産業中心。その1つであるサイゼリヤ（7581）が株式購入直後、悪材料が出て株価が急落します。買付単価を下げるためにサイゼリヤ株の買い増しを進めたため、100万円では足りなくなり、最終的には250万円まで投資元本が膨らみました。翌年サイゼリヤの株価が戻り、なんとか損切りできましたが、私の株式投資は失敗からのスタートだったのです。

その前後から、私は割安成長株を意識してPERを基準に投資先を選定することにしました。始めに低PER（割安）として購入した銘柄が、新興不動産関連の銘柄です。不動産関連企業の平均PERは他の業界と比べて低く、低PERで検索すると、不動産銘柄が数多くヒットしたのです。

この新興不動産関連銘柄への投資が当たりました。当時、不動産価格が反転して値上がりに転じたことと、国内の東証マザーズなどの新興株式市場がバブル化したタイミングに合致したからです。まだまだ投資家としての実力はともなっていませんでしたが、タイミングと運が味方して順調に資産を増やせたのです。

2005年末、株式資産は1900万円と大幅に増加していました。

ところが、2006年のライブドアショックをきっかけに新興市場株が大暴落します。それ以前はPER20倍未満の銘柄を割安と判断して買っていたのですが、株式市場が下落すると、増収増益が続く成長株でもPER15倍未満という銘柄が増えました。多くの割安成長株がPER15倍未満となり、PER10倍近辺まで株価が値下がりしたため、PER20倍前後で買った私の保有株は含み損が増えました。その最中に起こったのが、2008年のリーマンショックでした。そのとき、私の保有株の含み損は最大で900万円を突破。黄信号が灯《とも》りました。

TECHNIQUE

38/100

買いたい株価水準を自分なりに決めておく

気になる割安成長株の銘柄を、「Ｙａｈｏｏ！ファイナンス」などのウォッチリストに登録する際、「このくらいの株価水準まで値下がりしてきたら、買おう」という自分なりの目安を決めておきます。

ある銘柄の株価が現在２０００円でＰＥＲ20倍以上だとすると、「10％下がって１８００円になったら買おう」「ＰＥＲが15倍前後になったら買おう」といった具合に決めておくのです。

何も目安がないと、株価が１８００円に下がったのに、「まだまだ下がるかもしれない」と漠然とした待ちの姿勢になり、そのうち人気が出て株価が反転したりして、せっかくの買い時を逃すこともあります。

PER20〜25倍の有望な銘柄があり、いったんウォッチリストに登録したとしても、株価がいつまで経っても高値安定で、自分が想定した株価水準まで下がってこなければ、私が手を出すことはありません。ここでの妥協は禁物なのです。PER15倍前後に近づかない限り、基本的に投資対象にはならないからです。

それでも業界の将来性などに期待できるなら、ウォッチリストに残しておきますが、高値安定でPERが下がらない状況が続いているうちに興味が薄れてきたら、一度ウォッチリストから外して、新しい銘柄を登録してリストをリフレッシュするようにしています。

もちろん、株価が下がりさえすれば、買いというわけではありません。「良い株価の下がり方」と「悪い株価の下がり方」があるからです。

「良い株価の下がり方」とは、増収増益傾向が続いて業績が好調なのに株価が下がること。この場合、想定した株価水準になったら、投資行動に移ります。

「悪い株価の下がり方」とは、業績が落ち込んで株価が下がること。この場合、想定した株価水準まで下がったとしても、投資は控えましょう。

TECHNIQUE 39/100

中長期投資が前提でも短期売買するケース

私は中長期投資を心がけていますが、だからといって短期売買することが絶対にないわけではありません。

この場合の短期売買とは、1日単位のデイトレードや数日単位のスイングトレードではありません。**購入した銘柄が、直後に業績見通しの下方修正を発表するなど、成長株という前提が崩れたケースでは、最短で購入翌日に損切りすることもあります。**

当初の目論見が外れた銘柄を保有し続けていると、損失が拡大して大きな後悔とともに損切りすることにもなりかねません。傷が浅いうちに、いったん見切りをつけて、仕切り直すようにしているのです。

私はブログで売買経歴をすべて公開しています。「購入翌日に損切り」という個人投資家としては恥ずかしい失敗に終わったとしても、包み隠さずに公開するようにしているのです。それは自分への戒めでもあります。

逆に、中長期で10倍株を狙って購入した銘柄でも、1～2か月で株価が2倍になるなど短期間で急騰したケースでは、一度利益確定することがあります。そして短期的な過熱感が収まり、株価が割安な領域まで落ち着いてPERが下がった段階で、再び買うこともあります。

ところが利益確定後、株価の右肩上がりのトレンドが続いて再購入のタイミングが訪れず、最終的にその銘柄が10倍株になったことも過去に何度かあります。

短期で株価が想定外の上昇を見せたとしても、短期売買はせずに継続保有したほうがいいのか、それとも着実な利益確定を狙うべきなのか……このあたりの判断は銘柄によって異なりますし、いまでも悩むところではあります。

いずれにしても「中長期投資家だから短期売買はしない」と決めつけてしまい、臨機応変な対応がとれないのはマイナスなので注意が必要です。

40/100

TECHNIQUE

損切りばかりしているほうが株式投資はうまくいく

私の保有銘柄のポートフォリオ（組み合わせと割合）は、株主優待狙いの銘柄を除くと、この先の成長期待で保有して含み益を抱えている銘柄ばかりです。それは私の投資眼が優れているからではありません。**損切りを早くすることを徹底しているため、含み益がある銘柄が残っているのです。**

株式投資を20年ほど続けてきて、最近あらためて思うことがあります。それは、損切りばかりしている投資家のほうがうまくいっているということです。

個人投資家は、損切りが遅くなる傾向があります。それはおそらく、心理学でいうところの「損失回避バイアス」によるものでしょう。ヒトは同じ金額ならば、利益よりも損失の痛みのほうを感じやすいため、損をする意思決定を避けようと

する認知の歪み（バイアス）があります。そのバイアスの影響で、損切りで損失を確定させるよりも、「しばらく我慢しているうちに値を戻すかもしない」という淡い希望にすがりたくなり、含み損を広げてしまいやすいのです。

損切りをためらって保有し続けている銘柄が増えてくると、含み損を抱えた銘柄がポートフォリオに占める割合が少しずつ拡大してきます。それでは精神的にも良くありませんから、日常生活に支障をきたしかねません。

ポートフォリオをざっと見わたし、損切りできずに保有し続けている銘柄を見つけたら、思い切って売り切ってみてはいかがでしょうか。

「損失回避バイアス」により、損切りは少なからず心理的な抵抗感をともないますが、場数を踏んでいるうちに損切りの判断が抵抗なく、素早くできるようになります。

損切りを早め早めにできるようになると、1回あたりの損失額も減らせます。そして、保有銘柄のポートフォリオが含み益のある銘柄で満たされるようになれば、投資成績もおのずと上向いて好循環が生まれてくるでしょう。

41/100

TECHNIQUE

自分の仕事を通じて有望な銘柄を見つける

投資の神様ウォーレン・バフェット氏の名言に、「自分が理解できないビジネスには投資しない」というものがあります。

バフェット氏が言うように、なんのビジネスをやっているのか自分の頭で理解できない企業に投資するのは、控えるべきだと私も考えています。

一方、会社員として日々仕事をしていると、少なくとも自分のいる業界や取引先のビジネスには詳しくなります。それは、サラリーマン投資家の大きなメリットでしょう。

投資する銘柄選びに困ったときは、自分自身が働いている業界から、有望に思える企業をピックアップしてみましょう。

自分ではあたり前と思っている業界の常識が、業界外の人からすると貴重な投資情報の可能性があります。

取引先として、「あの会社、勢いがあるな」とか「将来性が期待できる面白いビジネスモデルだな」と思える企業と出合うことだってあるでしょう。これらの企業を、ＩＲ情報などを参照して十分に研究したうえで、投資先候補の１つに加えてみるのです。

そういう銘柄は、ひょっとしたら他の投資家がまだ投資対象としての魅力や将来性に気づいていない、眠れる〝宝の山〟かもしれません。

取引先などの未公開情報を知り得る立場にあり、その情報をもとに株式を売買するのはインサイダー取引なので、金融商品取引法で禁止されています。

しかし、「あの会社、勢いがあるな！」といった個人的な感想に基づいて株式を売買するのは、インサイダー取引にはあたりません。

自分の仕事を通じて、自らの得意な土俵で勝負してみるのは面白いものですし、仕事上の勉強にもなります。

42/100

TECHNIQUE

10倍株をゲットしなくても資産1億円は達成できる

株式投資でテンバガー（10倍株）を達成するのは1つの醍醐味であり、1億円といった大きな資産を形成できるかどうかの鍵を握っているともいえます。

私も、2億円という株式資産を築くにあたり、10倍株の恩恵を受けています。それがチャーム・ケア・コーポレーション（6062）ですが、この1銘柄だけで6000万円の利益を得ています。

こうした成功例を知ると、「100万円を10倍株で1000万円に増やして、その1000万円を10倍株で1億円にできる！」といった夢想に走りがちですが、現実にはそんなトントン拍子の展開が、そうそう起こるわけがありません。

私がチャーム・ケア・コーポレーションで10倍株を利益確定できたのは、株式資産1億円を超えてからです。それまでの七転び八起きの経験があったからこそ、10倍株が実現できたのです。その過程ではいまも保有していれば、10倍どころか数十倍まで株価が上昇した銘柄をいくつも手放してきました。そうした経験に学び、利益確定を徐々に遅くして10倍株で大きな利益が得られたのです。

私は投資元本の250万円から株式資産を1億円にするところまでは、銘柄ごとに事前に設定した「期待値」に応じて、年平均プラス30％程度の運用益を積み重ねました。**10倍株をゲットしなくても、1億円以上の資産は築けるのです。**

チャーム・ケア・コーポレーションが10倍株になるまで7年を要しましたが、プラス30％前後のリターンを得るなら2～3年、銘柄によっては早ければ数か月から半年でクリアできることもあります。

「何がなんでも10倍になるまで待つ！」と保有株を塩漬けすると、現金買付余力が限られ、新たな銘柄への機動的な投資ができなくなる可能性もあります。保有銘柄が10倍株になる保証はありませんから、資産を大きくする過程では、適切な利益確定で現金買付余力を増やす姿勢も重要です。

43/100

TECHNIQUE

ストーリーが崩れた銘柄でナンピン買いしない

自分なりの成長ストーリーを描き、割安成長株だと信じて買ったのに、その目論見が外れることもたくさんあります。これまでの長きにわたる投資家生活で、私も何度も経験しています。もっとも多いのは、企業が業績予想の下方修正を発表して、購入価格よりも株価が大きく下がってしまうパターン。一時的な業績不振ではなく、この先も業績回復が望めないと考えてしまうと、熱が冷めて急速にその銘柄に対して無関心になっていきます。

ノーベル平和賞を受賞したマザー・テレサは、「愛の反対は憎しみではなく、無関心」という有名な言葉を残しました。割安成長株だと思っていた頃は愛があったのに、その期待が裏切られると無関心になり、興味を失って株価すら見なくな

る。そんな銘柄に限って、知らないうちに含み損が膨らみ、慌てて損切りに踏み切っても、多大な損失が出ることがあるのです。

成長ストーリーが崩れて無関心になった銘柄は、その時点で売り払って損切りするのがベストです。その後、株価が回復するケースもあるでしょうが、過ぎ去ったことはリセットして頭を切り替えるしかありません。

業績が一時的に下がったとしても、成長ストーリーが崩れておらず、いずれV字回復で業績も株価も戻ってくると思える銘柄もあります。そういう銘柄は無関心になるどころか、興味津々で株価の変化を見守り続けるでしょう。

そうした銘柄では「ナンピン買い」が有効なこともあります。これは、株価が下がった段階での買い増しで平均取得単価を下げる手法です。３０００円で１００株買った銘柄が、20%下落して２４００円に下がった段階で１００株買い増すと、平均取得単価は２７００円まで下がり、含み益が出る水準が下がります。

しかし、関心を失った銘柄では、株価が20%下がったからといってナンピン買いに走ってはいけません。傷口に塩を塗ることになる恐れがあります。

44/100

TECHNIQUE

1銘柄あたりに突っ込む投資額は最大500万円まで

ここ5〜6年の私の投資スタイルは、5倍〜10倍株を狙う銘柄と、プラス30〜100％（2倍株）を狙う銘柄を組み合わせるもの。仮に、前者を「10倍株銘柄」、後者を「2倍株銘柄」と名づけましょう。

証券口座内の10倍株銘柄と2倍株銘柄の含み益は半々くらいですが、銘柄数では「3：7」から「2：8」で2倍株銘柄のほうが多いです。10倍株銘柄は現在1〜2銘柄。株価が10倍近くまで上がるかもしれないと期待の持てる銘柄は滅多にないのです。

私は、10倍株銘柄を極力売らずに保有しつつ、2倍株銘柄で利益確定をくり返し、それを再投資することで、さらに資産を増やしてきました。

私が1銘柄に投資するのは、10倍株銘柄で最大500万円、2倍株銘柄で300万～400万円程度。それも株式資産が1億円を超えてからの話であり、それ以前は1株あたりの投資額はもっと少なく抑えていました。

銘柄数が増えすぎて1銘柄あたりの投資額が少なくなると、大きくは儲けられません。逆に、銘柄数を抑えた分だけ1銘柄あたりの投資額を増やしすぎると、大きなリターンが望める半面、リスクをともないます。

ですから、仮に10倍株銘柄として有望だと思っても、私は1000万円も2000万円も突っ込みません。思惑が外れると、大きな損失を被るからです。

1000円で買った10倍株銘柄と2倍株銘柄の企業が、思惑通りに業績が伸びたものの、株価1100～1200円とまだ割安と感じられる水準で推移していたら、買い増しをすることもあります。それでも、前述の投資水準を超えて買い増しをすることはありません。1株あたりの投資額を増やせる資金的な余裕があっても、それを現金買付余力として残して相場の暴落などに備えつつ、新しい10倍株銘柄と2倍株銘柄を仕込むための資金として活用しているのです。

45/100

TECHNIQUE

仕事とプライベートを分けて仕事中は株価をチェックしない

コロナ禍によって在宅勤務が増え、自宅で過ごす時間が増えると、サラリーマン投資家でも、その気になれば1日何十回でもパソコンやスマホで株価をチェックできます。しかし、私自身は仕事とプライベートをきっちりと分けて、仕事中は株価をチェックしないようにしています。**気にしすぎると仕事が疎かになりますし、せいぜいランチタイムにスマホで保有株をチェックするくらいで十分です。**

デイトレードやスイングトレードなどの短期投資であれば、企業の業績や成長性をさほど気にせず、株価の値動きに着目して、人気があって値動きが活発な銘柄を購入。少しでも株価が上がれば売って利益を得るため、ひっきりなしに株価をチェックしなければなりません。

一方、私が実践している割安成長株の中長期投資は、投資した銘柄の業績の伸びに応じた株価上昇による値上がり益を狙いますから、同じ銘柄を数か月から数年保有します。短期投資と違い、中長期投資では、投資の前提となった業績や成長性の変化を踏まえた売買であり、短期的な株価の値動きで売買することは基本的にはありません。それにもかかわらず、値動きが気になって1日何十回も株価チェックする人もいます。私自身、最初の頃はそうだったのです。

中長期投資では、株価に影響を与えるような企業の業績開示は、市場取引終了後に行われるケースが大半ですから、そもそも日中に株価が大幅に変動することはあまりないと考えてもいいでしょう。

買うか・買わないかを迷っている銘柄では、株価の変化に気をとられた挙げ句、「株価が下がっている。いまが買いのチャンスかもしれない」と慌てて買った結果、高値づかみになったこともあります。半年、1年というタームで株価チャートを俯《ふ》瞰《かん》してみると、株価はつねに上下動しているもの。下落した瞬間をたまたま目撃して、「チャンスだ！」と前のめりになることはありません。

46/100

TECHNIQUE

攻めの運用　守りの運用

資産運用には、「攻めの運用」と「守りの運用」があります。

リターン（利益）を期待する資産運用には、多かれ少なかれリスク（損失）がともないます。攻めの運用は「ミドルリスク・ミドルリターン」、守りの運用は「ローリスク・ローリターン」といったところです。

攻めの運用のみだとリスクが高くなりすぎる恐れがありますし、守りの運用のみだとリターンが少なすぎて思ったように資産が増えてくれない恐れがあります。だからこそ、攻めの運用と守りの運用のバランスが大切なのです。

私の攻めの運用は、割安成長株を中心とする個別株運用です。幸いにもリスクを抑えて大きなリターンを得ることができており、2億円を超える株式資産を築

くことができました。

私の守りの運用は、勤務先の企業型確定拠出年金とネット証券での投資信託です。企業型確定拠出年金には拠出限度額をフル活用して毎月5万5000円、投資信託には毎月20万円を積み立てています。

現在は手元に余裕資金がかなりあるため、守りの運用としてはどちらも強気で運用をしており、企業型確定拠出年金の運用利回りは年5%を超えています。

私は株式投資で増やした資産を投資信託の積み立てに回しているため、毎月の積立額は、皆さんの参考にはならないと思いますが、年間40万～80万円（毎月約3万～6万円）の積み立てなら可能ではないでしょうか。

それを年利5%で運用できたとすると、20年後、30年後には、次のように老後資金として大きな役割を果たすだけの資産形成ができます。

●年間積立額40万円→20年後1353万円、30年後2720万円
●年間積立額80万円→20年後2706万円、30年後5440万円

47/100

TECHNIQUE

「会社四季報」の業績予想を参考にする

学生にとっての国語辞典や英和辞典のように、個人投資家には「会社四季報」は欠かせない存在です。3800社近い全上場企業の情報がコンパクトに載っていますから、銘柄探しのナビゲーターとして役立ちます。私はネット証券の証券口座で、無料で読める「会社四季報」の情報を日常的に活用しています。

「会社四季報」で目を向けたいのは、今期と来期の2期分の業績予想。とくに2020年は、新型コロナウイルス感染症の蔓延で多くの企業が業績予想を開示できないなかで、「会社四季報」の業績予想は貴重な投資判断材料となりました。

個人投資家には、「会社四季報」の業績予想を信じて投資したのに、投資先が業績の下方修正を発表し、損切りを強いられた経験をしている人も少なくないで

しょう。そんな苦い経験をして「四季報情報なんて信じない！」などという人もいるかもしれません。しかし、企業が公表する業績予想だって、外れることはよくあります。強気な業績予想ばかり示す企業に関しては、「会社四季報」の業績予想のほうが実態に近いこともあるのです。

「会社四季報」の業績予想は、当てずっぽうではなく、取材に基づいているそうです。企業の決算説明資料では強気の業績予想をしているのに、「会社四季報」の業績予想が辛口だった場合、どちらの信ぴょう性のほうが高いか考えましょう。そこでの気づきが、投資のヒントになることもあるのです。

私が株式投資を始めた頃、「四季報相場」という言葉がありました。「会社四季報」最新号の発売日に、そこで高く評価された銘柄の株価が上がることを指した言葉です。私は、「会社四季報」の情報の一部を先どりして掲載していた雑誌「オール投資」（今は休刊）を定期購読していました。定期購読すると店頭売りより1～2日前に入手できるので、低PERランキング上位に掲載されている銘柄を調べて、先回りして買ったりしていました。

TECHNIQUE 48/100

財務諸表は深いところまで読み込まなくていい

私は株式投資で銘柄チェックする際、証券口座の「会社四季報」、企業ホームページのIR情報（決算短信・決算説明資料）など、わかりやすい資料だけを参考にしています。決算短信も全ページを読み込むわけではなく、1ページ目に記載されている「売上高」や「純利益」といった業績、2〜3ページ目に記載されている定性的なコメントに目を通している程度です。

決算短信には、「貸借対照表」（B／S）、「損益計算書」（P／L）、「キャッシュフロー計算書」も掲載されています。これは法律で上場企業に作成が義務づけられている財務諸表のなかでも、とくに重要なもので、まとめて「財務三表」と呼びます。貸借対照表は資産・負債・純資産の状況、損益計算書は1会計期間での

収益と費用、キャッシュフロー計算書はお金（キャッシュ）の流れを示したものです。

私はこれらの「財務三表」を詳しく分析しているわけではありません。それでも割安成長株への投資を20年近く成功させ、株式資産2億円を達成しています。**私が銘柄選定の判断に用いる「ＰＥＲ」「増収増益の傾向」「配当利回り」「成長戦略」などは、証券口座の「会社四季報」、決算短信の1〜2ページ目、決算説明資料などで十分にわかります。**

割安成長株では低ＰＥＲの銘柄を狙いますが、なかには本業以外で特別利益を計上したり、法人税の減免などで純利益がかさ上げされたりして、見かけ上は低ＰＥＲになっている銘柄もあります。こうした銘柄も、「会社四季報」や決算短信などをチェックすれば容易に除外できます。

少なくとも「数字に弱い」とか「財務三表がわからない」といった理由で、株式投資に躊躇する必要はありません。まずは私のやり方を参考に経験から学んで、投資家として成長しつつ、余裕があれば「財務三表」を学ぶので十分でしょう。

49/100

TECHNIQUE

老後年金の不足分は自力で蓄えておく

２０１９年、金融庁の金融審議会の報告書で、「老後の資金が２０００万円不足する」という試算が示され、各方面で炎上しました。

不足分を２０００万円とする試算の前提が少々杜撰《ずさん》だったとはいえ、少なくとも現在の年金受給額では、老後の無職世帯が現役時代の生活水準を維持することは難しいでしょう。これからさらに年金受給額が減ることも十分に考えられますし、年金の不足分をカバーする資産は、自分で蓄えておくしかありません。

企業型確定拠出年金やｉＤｅＣｏ（個人型確定拠出年金）、それに年間40万円の非課税枠があるつみたてＮＩＳＡ（少額投資非課税制度）など、年金の不足分を補うための投資に関する税金優遇制度は、それなりに整ってきました。安定した給与収入が得られる会社員は、こうした制度を利用しない手はありません。

私は割安成長株（個別株）への中長期投資をしながら、勤務先が導入している企業型確定拠出年金制度も活用していますが、ｉＤｅＣｏは利用していません。「利用できない」というのが正確で、企業型確定拠出年金とｉＤｅＣｏは合算で月額５万５０００円までと投資額の上限が決まっているため、私のように企業型確定拠出年金を上限額まで活用していると、ｉＤｅＣｏを利用できません。

企業型確定拠出年金では、外国株式と海外債券に投資しており、これまで拠出した１０００万円の元本に対して資産額は２０００万円まで増えました。このまま運用を続けていければ、いわゆる「老後２０００万円問題」は、企業型確定拠出年金だけでクリアできそうです。企業型確定拠出年金で株式などへの投資をしないでいると、私の勤務先では月々の掛け金が初期設定の定期預金で積み立てられます。現状はほぼゼロ金利ですから、１０００万円の元本は１０００万円からほとんど増えなかったことでしょう。企業型確定拠出年金が導入されているのにほったらかしの人は、ぜひ見直してください。

50/100

TECHNIQUE

ツイッターの群集心理に惑わされず自分の頭で考える

1980年代の漫才ブームで、「赤信号、みんなでわたれば怖くない」というビートたけしさんのギャグが流行ったことがありました。危険なことでも、「みんなもやっているから大丈夫！」という根拠のない安心感が働くことがありますが、これを心理学では「リスキーシフト」と呼びます。

自分1人なら慎重で理性的な行動をするのに、集団になると極端な方向に走りやすくなり、リスクの高い意思決定をしてしまう現象のことです。わかりやすい言葉で置き換えるなら、「群集心理」ということです。

株式投資でも「群集心理」のようなものが働くことがあります。「みんなが購入している銘柄なら安心だから、自分も買おう」と考える人が少なくないのです。

同じような銘柄を保有している人たちが、ツイッターなどで盛んにポジショントークしていることがあります。それは、他人が保有している銘柄をチェックしたら、魅力的に思えたので自分も買ったという「群集心理」が作用した結果なのかもしれません。「みんなが買っている銘柄だから大丈夫」「有名投資家が推奨しているから損はしないはず」と思い込むのは危険です。多くの人が買っているという群集心理で投資するのではなく、やはり自分の頭できちんと分析と検討を重ねたうえで、投資するように心がけなくてはいけません。

割安成長株には、ネット上でも人気がなく、「Ｙａｈｏｏ！ファイナンス」の掲示板なども〝過疎化〟して、何も書き込みがない銘柄もあります。「注目されていない銘柄に投資して大丈夫だろうか……」と不安になることもあるでしょう。それでもＰＥＲや業績、配当利回りといった条件をチェックして、自分なりの基準をクリアしている銘柄であれば、購入すべきです。割安成長株には、日の目を見て株価が上昇するまでに時間を要するものが少なくありません。でも、業績が好調なのに、株価が横ばいなら、自信を持って保有を続けましょう。

貯男'S POINT

多少の損には動じない
耐性と覚悟を養っておく

私は、ツイッターで次のようなアンケートを行いました。

Q　①株式投資で5万円損するのと、②財布に入っていた1万円をなくすのでは、どちらのほうがショックは大きいですか？

アンケートの結果は、およそ75％の回答者が、②財布に入っていた1万円をなくすほうがショックは大きいと答えました。これは私の金銭感覚と一致しています。

なぜ多くの人は②のほうがショックが大きいのでしょうか。

私の妻は、「株式投資は損をすることを覚悟して運用しているけれど、財布のお金をなくすのは想定外だから、ショックが大きいんじゃないの？」と即座に回答しました。

ツイッターでいただいた回答にも、妻と同じような意見が多く見られました。その他にも、「相場の損は、とり返せる可能性があるから」という意見もありました。

株式投資を長く続けていると、1日で含み損が数十万円以上に膨らむことは日常茶飯事です。給与が突如として数十万円減ったら、おそらく大パニックになるでしょうが、個人投資家は株式投資での損に関しては耐性ができているので、多少の含み損の変動には動じない覚悟のようなものがあるのです。

株式投資では損をすることもありますし、その後の運用次第ではとり返すこともできます。それを忘れないようにしましょう。

100

STEP 3

株式投資で勝つための思考術

PRACTICAL TECHNIQUES

TECHNIQUE 51/100

株式投資するリスクより しないリスクのほうが高い

株式投資は元本保証はありませんが、株式投資をしなければリスクゼロかというと、私はそうは思いません。**会社員にとっては、株式投資をするリスクよりも、株式投資をしないリスクのほうが、はるかに高いと思います。**そもそも投資先の企業が倒産して、投資額がゼロになるなんていうリスクは、そうそうありません。分散投資や損切りによって、リスク回避することだってできます。

新卒で大企業に就職して定年まで働き、退職金を受けとって老後は安泰という昭和の常識は、すでに過去のもの。時代は変わり、老後資金は、株式投資をしたりして自力で確保しておかなければならない時代に突入しています。

いまは会社員が定年まで勤め上げられる保証さえありませんし、自分の健康上

のトラブルによって、定年前に辞めざるを得ないことだって考えられるのです。ほんの数年でビジネス環境が大きく変化する時代ですから、勤務先が倒産したり買収されたりして職を失うことだって考えられます。

そうかといって慣れない副業に走ると、本業の仕事が疎かになったり、体力的に辛くなったりすることも考えられます。その点、自分ではなくお金に働いてもらう株式投資なら、そうした心配はありません。銘柄選定や保有銘柄のケアに費やす時間は、会社員として働きながらでも十分確保できます。

ゼロ金利が続いている現在は、預貯金のように元本が保証されている運用で資産を大きく増やせる時代ではなくなっています。また、現金のみで資産を持っているとインフレ時、実質的に資産が大きく目減りするリスクも考えられます。

株式投資で生じるリスクと、株式投資をしないで給与収入のみに頼ることで発生するリスクを比べると、私には後者のリスクが高いように思えるのです。

もちろん株式投資をするにしても、余裕資金で行う、信用取引には手を出さないといったリスクコントロールは大切です。

52/100

TECHNIQUE

大損しない運用を心がける4つのポイント

1銘柄あたりの投資期間は、数か月から数年を大まかな目安にしています。得られた運用益を再投資する「複利」を最大限に活用しながら、息の長い投資活動を続けて大きな資産形成をしてきました。

そこで大切になってくるのは、大損をしない運用です。リカバーできないような大損を被ってしまうと、株式市場からの撤退を迫られかねません。となると、ロングスパンで大きな株式資産を築くことも不可能になります。

大損しない運用のコツは、次の4つに集約できます。

1つ目は、損切りを早めに決断すること。株価が下がる銘柄に未練を抱いて損切りが遅くなると、傷口がみるみる広がります。

2つ目は、保有株を損切りした際、「次に買う銘柄で損失をとり返してやる」などと熱くならないこと。銘柄には、それぞれ適切な購入タイミングがあります。損切り後、間髪を容《い》れずに気になる銘柄を仕入れたとしても、高値づかみになり、いずれ損切りを迫られることも考えられるのです。

3つ目は、1銘柄あたりの投資金額を増やしすぎないこと。景気後退で日経平均株価が大幅に値下がりするような局面では、好況時と比べて株価が半値以下に下落する銘柄も出てきます。そうなっても、1銘柄あたりの投資額を抑えていれば、被る損失額は許容範囲内に留められるでしょう。

4つ目に、信用取引に手を出さないこと。信用取引は、株価が上がる局面ではレバレッジが効いて儲けられますが、逆に株価が下がる局面では多大な損失を負うこともあります。下落時、不慣れな空売りでリスクをヘッジしようとしても、思惑通りにいかず、損失が膨らむこともあります。

以上のようなポイントを守り、仮に判断を誤ったとしても、損失をリカバー可能なレベルに抑えて、息長く株式投資を続けて資産を増やすことが大切です。

53/100

TECHNIQUE

フルインベストメントではなく十分な現金買付余力で危機回避

2020年2月末~3月にかけて日本では新型コロナウイルス感染拡大にともない、株価が急落しました。私が保有する株式の含み益もプラス50%↓25%へと半減してしまいました。「このままでは含み損に転落してしまうかも」と心配になったのですが、それでも狼狽売りが避けられたのは、証券口座の現金買付余力を7割ほども確保していたからです。

含み益を大きく減らしても、現金買付余力としてキャッシュで保有している割合が大きかったため、証券口座の資産全体の減少はコロナ禍以前と比較してマイナス10%未満に留まりました。おかげで、損切りしたごく一部の銘柄を除くと、保有株を持ち続けることができたのです。

コロナ禍以前の２０１８年、私は先行きを次のように予想していました。

２０１９年10月の消費税増税、２０２０年夏の東京五輪向けの投資のピークアウトなどで、早ければ２０１８年末、遅くとも２０１９年前半には、日本の株式市場は調整局面に入って下落するだろう。そんな予測をしていたのです。

調整局面を想定して現金買付余力を増やしていたことが、コロナショックによる悪影響を最小限に留められた大きな要因でした。やはり、株式投資は現金買付余力を残さないフルインベストメントではなく、証券口座内に十分な現金買付余力を残しておくべきだとあらためて肝に銘じました。

コロナショックでは、ビジネスモデルに影響が少なく、増収増益で高配当を続けている成長株のＰＥＲが10倍程度まで下がり、割安になったものが続出しました。こうした銘柄を拾って投資するためにも、現金買付余力が大切です。

その後、日経平均株価は回復して、２０２１年２月には１９９０年８月以来、30年半ぶりに３万円の大台に乗せました。コロナ禍の調整局面でも保有を続けた銘柄は、再び大きな含み益に戻ったのです。

54/100

TECHNIQUE

一度利益確定した銘柄を再び買うときのポイント

一度利益確定した銘柄でも、その後、またタイミングを見計らって買うことがよくあります。一度保有した銘柄については、その会社の内容や株価がどういう状況で、どんな値動きをするかという性格もわかっています。いったん利益確定した後も、株価の値動きをチェックしていれば、また割安感が高まったときや業績アップの好材料が出たときなどに、あらためて購入できるので再びキャピタルゲイン（値上がり益）を狙いやすいのです。

大切なのは、再び買うタイミングです。1株1000円で購入した銘柄が、1500円まで上がったところ（プラス50％）で利益確定したとします。短期売買をするなら、1400円まで下がったら買い戻し、再び1600円まで上昇したら利益確定するなど小刻みに利益を積み上げられるかもしれません。

しかし、**私は株価が20～30％下がったら再び購入することを考えますが、そこまで下がらなければ見送ることを大まかな目安にしています。**

先ほどの例でいうと、1500円でいったん利益確定した銘柄が1000～1200円（マイナス20～30％）くらいまで下がったら買い戻し、株価1800円（プラス50％）を狙いにいくという感じです。

過去に購入した三機サービス（6044）という銘柄では、1株800円で購入して1600円まで上昇したところ（プラス100％）で利益確定。その後、1300円弱まで下落（マイナス20％弱）した段階で再び購入して、そこから2200円（プラス70％）まで上がったところで最終的に利益確定しました。

一度買った銘柄の買い戻しのタイミングを見誤ると、いったん利益確定したのに今度は高値づかみになることもあり得ます。「再度買えなくてもかまわない」というくらいのスタンスで、ウォッチリストに入れつつ、割安水準になるまで気長に待つのが得策です。

55/100

TECHNIQUE

経営陣が大株主の会社に投資をする

保有銘柄の会社が、想定外の公募増資や新株予約権の発行をすることがあります。どちらもいわゆる「増資」です。増資すると発行済み株式数が増えますから、1株あたりの価値が希薄化する（下がる）分、株価が下落する恐れがあります。

企業にとっては、発行済み株式数を増やすと、金融機関から借り入れすることなく、株式市場から直接新たな資金調達ができるというメリットがあります。その資金を活かして、投資家にも納得感があり、確実性の高い成長戦略が描けるのであれば、増資が株価を下支えしてくれることもあります。ところが、増資するすべてのケースで、ポジティブなストーリーが描けるわけではありません。そのため、一般的に投資家は増資する企業の株式を買うのを嫌う傾向があります。

増資をしたからといって業績が下がるわけではありません。ですから、増資イコール即損切りではありませんが、ＰＥＲ（株価収益率）は上がるので、割安感は落ちてしまいます。

将来増資するかどうかは、銘柄を選定する時点では予測不能ですが、増資する銘柄を選ぶリスクを下げることは可能です。企業ホームページのＩＲ情報や「会社四季報」で、過去に増資をしているかどうかを確認することができます。

増資する企業は、数年に1度の割合で増資をくり返す傾向がありますから、過去に増資をしていたら、再び増資するかもしれないと思っておきましょう。

さらに大株主の割合もチェックしてみてください。「会社名」「大株主」でネット検索するとわかります。大株主にオーナー社長とその一族や経営陣、従業員持株会が名を連ねていたら、一般株主と経営者の利害関係が一致していますから、成長戦略をともなわない安易な増資をする確率は低いと私は判断しています。

なぜなら、増資して1株あたりの価値が希薄化して株価が下がるのは、経営陣や従業員にとってもマイナスに働くからです。

TECHNIQUE 56/100

ブログやツイッターを書くことで頭の中を整理

私は株式投資を始めて3年後の2005年からブログに株日記を書いて公開しています（現在のライブドアブログに移行したのは2009年です）。

投資をしている方々には、私のようにブログやSNS上で株日記を書くことをおすすめします。

株式投資の売買で失敗した場合、備忘のために私は株日記に反省点を書くようにしています。文章化するというプロセスで頭が整理されますし、あとからふり返ることもできます。

そうした反省点に加えて、新たな銘柄を購入したら、「なぜ購入したのか」という理由を株日記に書き残す習慣をつけてみるのもいいでしょう。**その積み重ね**

によって、自分なりの銘柄購入の方程式のようなものが少しずつ確立できるようになります。

「なぜ購入したのか」を明確に書けない場合、「ネットで話題になっていたから、深く考えずに購入してしまっただけかも。次はよく考えてから買おう」などと気づけるようになるでしょう。

株日記で、株式資産の将来の目標金額などを宣言すると、「宣言効果」で目標が達成しやすくなることも考えられます。公言すると、後に引けなくなり、投資への態度が前向きになって成績が上がりやすいからです。

私はツイッターでも、自分の株式投資に関する考え方を発信しています。ブログとツイッターの双方を使ってみると、ブログは基本的に一方的な公開ですが、ツイッターはフォロワーとの双方向のコミュニケーションがよりはかれるツールで、そこから新たな発見が得られることもわかりました。

ブログやSNSのようなネット上での公開には気が引けるなら、純粋に日記として非公開の株日記を書いてみるのもいいでしょう。

57/100

TECHNIQUE

日本株は個別株 外国株は投資信託

投資信託は、株価指数（インデックス）に連動した運用であったり、指数を上回って値上がりが期待できる個別株や債券などをプロが選んで運用（アクティブ）してくれますから、自分で運用しなくて済む分だけ、ハードルが低くておトクに思えます。最初は投資信託から始めて、そのうち個別株にチャレンジしたほうがいいと考える人も多いのですが、私は初心者こそ個別株への投資をおすすめします。

運用をプロに丸投げしていると、儲かっても儲からなくても、株式投資に関する知識やスキルが身につきません。「自分で運用するのは面倒くさい」という人は、無理やり個別株をやろうとしても長続きしませんから、投資信託のほうがいいかもしれません（ただし、投資信託では「億り人」になるのは難しいと思います）。

いつかは個別株に投資したいと思っているなら、最初から個別株に投資したほうがいいです。そのほうが、国内外の経済・金融・株式などの情報に対する感度が高まりますし、売買を通して個別株投資の経験値を上げられます。

一方、米国株などの外国株は、投資信託を活用するのがおすすめです。米国株が魅力的なのは重々承知していますが、どの銘柄を選ぶべきかを正しく判断できるだけの情報を収集するのは、日本株より大変です。売買のタイミングに関しても、日本株のように臨機応変に決断するのは難しいでしょう。

私は、日本株は個別株投資、外国株は投資信託とすみ分けして実践しています。

現在、外国株は「ＳＢＩ・Ｖ・Ｓ＆Ｐ５００インデックス・ファンド」と「ひふみワールド＋」に毎週１万５０００円、「ＥＸＥ－ｉグローバル中小型株式ファンド」に毎週１万円ずつ積み立てています。

月単位ではなく週単位で定額を積み立てているのは、価格が高いときは少なく、低いときは多く買う「ドルコスト平均法」によって、投資信託の価格変動と為替相場の変動リスクを最小限に抑えるためです。

58/100

TECHNIQUE

配当金狙いの投資で気をつけるべきこと

私は値上がり益（キャピタルゲイン）狙いの投資をメインに据えており、配当金（インカムゲイン）狙いの投資はしていません。

狙っているのは配当金ではなく、あくまでも値上がり益なのですが、割安成長株を選ぶ際は、高配当利回りの銘柄だとなお良いでしょう。それは高配当のほうが株価を下支えする材料になってくれるからです。

投資対象に業績悪化などの悪材料が出た場合、たとえ配当金がもらえる寸前であったとしても、損切りするようにしています。配当金という小さな利益に目が眩《くら》んで、損切りが遅くなって大幅な損失を被ってしまったら意味がありません。

高配当利回り銘柄への投資には、それなりの魅力もありますが、配当金狙いで保有し続けるというのはリスクをともないます。株価の先行きが不透明なように、配当金も将来にわたって永続的にもらえることが約束されているわけではありません。企業の業績が悪化すると、配当金が減額される「減配」や、配当金がゼロになる「無配」に転落することだって十分にあり得ます。

配当金狙いの投資であっても、値上がり益狙いの投資と同じように、株価や業績の推移はしっかり見ておかなくてはなりません。

「1株あたりの年間配当金÷株価×100」で求められる配当利回りは、業績が悪化して株価が下落すると見かけ上、高まることがあります。

好景気の局面では業績に連動して配当金を増額する企業も多いのですが、景気悪化による調整局面に入ると配当金の減額リスクが生じます。そう考えると、配当金狙いの投資を試みるなら、長年にわたって安定的に増配し続けている銘柄を選んでおいたほうがいいと思います。

その点からすると、花王（4452）は31年連続、SPK（7466）は22年連続、小林製薬（4967）は21年連続で増配していますから有望でしょう。

59/100

TECHNIQUE

損失最小・利益最大化「損小利大」真の狙い

私はブログなどで、「損小利大」の大切さをしつこいくらい強調しています。

損小利大とは、損切りを先延ばしせずに素早く行って損失を最小化、反対に利益確定の局面では極力粘って利益を最大化するという意味です。

では、利益確定ではどのくらい粘ったらいいのでしょうか。

私の場合、株式資産1億円に到達するまでは、銘柄の特性に応じて利益確定の「期待値」を定めて、その水準をクリアしたら売却を検討していました。売却して現金買付余力を増やし、新しい銘柄を探して購入するというサイクルです。

200万〜300万円で利益確定できた銘柄が数十以上あります。

株式資産を1億円から2億円に押し上げたのは、10倍株を実現したチャーム・

ケア・コーポレーション（６０６２）。この１銘柄だけで６０００万円を超える利益を上げています。10倍株を実現できたのは、この１銘柄のみで、その次が３倍株であり、それ以外はプラス30～１００％で利益確定しています。

適切な利益確定を重ねてきたからこそ、資産をコンスタントに増やせたという一面はありますが、利益確定後に10倍株となった銘柄がいくつもありました。

損小利大の「利大」のほうは、いまだに判断が難しいところなのですが、業績が好調で事業の成長が続いている銘柄は、「期待値」の水準を上げて、第２、第３の10倍株を狙ってもいいかとも考えています。

１００万円の含み益があり、５年後に５倍の５００万円まで含み益が増えるかもしれないという期待値の銘柄だとしても、相場の暴落局面でついつい手放してしまい、その後のリバウンド局面で「売らなきゃよかったかな」と反省することが私はいまでもあります。その反省を踏まえていうなら、銘柄の特性を反映した期待値に応じて利益確定するという運用を中軸に据えつつも、自信がある銘柄は５～10倍まで売らないというメリハリのあるスタンスが良いと思っています。

TECHNIQUE 60/100

売上高成長率の高い銘柄を狙う

割安成長株投資では、不人気で株価が低い水準で推移している低PER銘柄でありながら、業績は増収増益トレンドを続けている銘柄を狙います。

増収増益トレンドがベストですが、減益でも売上高は大きく伸びている「売上高成長率」が高い銘柄であれば、投資対象にしていいと私は考えています。売上高が大きく伸びていれば、利益はやがて追いついてきますし、それにつれて人気が高まって株価は右肩上がりになることが多いからです。

10倍株となった介護付施設運営事業のチャーム・ケア・コーポレーション（6062）に私が投資してから数年間、同社は有料老人ホームの積極的な新設をしたことで、売上高は急成長を続けていたものの、利益は赤字転落すれすれの状

態。純利益がほとんど残らないような経営状況がしばらく続いていました。

しかし、これは施設の新設にともなう先行投資によって、利益が上がる前に経費が先行して膨らんでいるだけであり、ゆくゆくは積極的に増やした施設から計上される売上高が利益に貢献するだろうと判断していました。さらに介護業界は、今後も社会的なニーズが高まるはずだという見通しを立てて、株式保有を続けたのです。

その後同社は、私のもくろみ通り、先行投資の費用を既存施設からの売上高で吸収しながら事業規模の拡大を継続し、2〜3年遅れで利益が大きく伸びるようになって10倍株を実現するに至りました。

チャーム・ケア・コーポレーションと同じように、売上高が大きく伸びている割には、利益が思ったように追いついてこない企業に関しては、その理由がどこにあるのかをＩＲ資料などで確認してみることです。

そうした地道な分析により、2〜3年先に大化けする将来の10倍株候補が見つけられることもあると思います。

TECHNIQUE 61/100

投資仲間はいなくたっていい

別に

私には、株式投資に関して、気軽に話せる仲間はいません。

私が株式投資で大きな利益を上げていることを知っているのは、唯一妻だけです。勤務先の同僚などには、株式投資をしていることすら内緒にしていますから、株の話をすることは一切ありません。

仮に私が株式投資で億単位の資産を築いていることを会社の同僚が知ったとしたら、いらぬハレーションを起こし、人間関係がギクシャクして会社員生活の足を引っ張ることになりかねません。

投資家のなかにはオンラインサロンに参加したり勉強会を開いたりして、株談義を交わしている人たちも多いです。利害関係もなく、株式投資という共通の話

題で盛り上がるのは楽しそうですが、私自身はそうした交流会に参加した経験は一度もありませんし、これからも参加する気はありません。

株式投資に関する銘柄選定や投資手法などの情報は、ネットでも十分拾えます。交流会などで仲良くなった知人や友人ができると、彼らの推奨銘柄や投資手法にどうしても興味が湧いてくるでしょう。それらに流されてしまうと、自分の投資スタイルがブレてしまいそうでもあります。

自分なりの投資の軸ができてきて、友人・知人の意見に対して「まぁ、そういう考え方もあるな」と受け流したり、「新たな投資銘柄候補の1つとして、自分なりに研究してみようかな」と思えたりするなら、**投資仲間をつくるのも悪くないでしょう。しかし、投資家はまず自分1人で考えるクセをつけたほうが、経験値が上がりやすく投資成績も良くなると私自身は考えています。**

私はブログやツイッターといったネットを介した間接的な交流がちょうどいいと感じています。適度な距離感を保ちながら、ネットを通じて情報収集・情報交換をするのが、私の肌には合っているようです。

62/100

TECHNIQUE

企業型確定拠出年金は外国株の投資信託に集中

「卵は1つのカゴに盛るな」といわれるように、株式投資は資産が増えるほど1点集中ではなく分散投資が基本となります。私は分散しすぎるデメリットもあると思っているので、たくさんの銘柄に分散投資するくらいなら、むしろ個別株投資以外のカゴに卵を盛ることが大事だと考えています。

株式投資ばかりが投資ではありません。自分の得意分野を作って、そこに注力すると投資効率は上がると思っていますが、持てる資産を得意分野に全額突っ込むのはさすがにリスキーです。インフレや為替変動などのリスクもあるからです。

私が個別株投資以外のカゴの1つにしているのが、前述の企業型確定拠出年金です。私の勤務先では、2012年に企業型確定拠出年金を導入しました。その

本格的な運用をスタートする前に開かれた某大手証券会社主催の説明会では、ここぞとばかりに「卵は1つのカゴに盛るな」という格言を持ち出し、国内外の株式と債券への分散投資を強く推奨していました。

しかし、**私はそのアドバイスには耳を貸さず、運用元本全額を外国株の投資信託で運用することを選択しました。**

というのも、私は日本企業に勤めており、日本円で給与収入を得ています。株式投資も日本株中心ですから、資産全体で考えると日本円建ての資産運用に偏っているという欠点があります。その分、企業型確定拠出年金は、外国株に集中投資して、資産全体で分散投資を図ったのです。

確定拠出年金を導入する企業は増えています。運用先を指示せず、初期設定の1年定期預金で放置状態になっている人を含め、運用先は確定拠出年金の枠組みだけでとらえるのではなく、自分の資産全体を俯瞰したうえで考えましょう。

また確定拠出年金以外でも、個別株投資でメインに使っているSBI証券では、米国株を中心とした外国株の投資信託への積み立ても行っています。

TECHNIQUE

63/100

複数の証券口座を駆使してIPOブックビルディング

私がメインで使っているのはインターネット専業のSBI証券ですが、他にも店舗型の証券会社である野村證券とみずほ証券のインターネットサービスにも口座を開いています。それは、IPO（新規公開株式）銘柄の売り出しに際して行われるIPOブックビルディングでの当選確率を少しでも上げるためです。

野村證券やみずほ証券のように店頭で売買できる証券会社では、割り当てられたIPOブックビルディングのうち、約90％は各支店や機関投資家などの法人顧客向けに振り分けられ、残り約10％がインターネットサービスの口座向けに振り分けられると、おおよそ推測されます。

SBI証券のようなネット専業証券会社では、割り当てられたIPOブックビ

ルディングの多くがネット口座向けに割り当てられているようですが、そもそもネット専業証券会社ではネットでアクティブに売買している個人投資家が多いもの。IPOブックビルディングに参加する人もそれだけ多くなるため、おのずと競争率は高まり、割り当て数が多くても当選確率は下がります。

SBI証券は法人顧客にもIPO銘柄を配分しており（配分比率は未開示）、法人顧客には1法人あたり個人投資家の10倍の株式数を配分しているため、個人投資家の当選は、かなり厳しい状態にあります。一方の大手店頭型証券会社のインターネットサービスでは、ネット専業証券会社のユーザーよりも、ネットでアクティブに投資している人は少ないのではないかと私は想像しています。

ネット口座向けの割り当て数は各支店の店頭よりだいぶ少なくなりますが、参加者が少ないと仮定するなら、当選確率はネット専業証券会社よりも若干上がるのではないかと、私は期待しているのです。その期待から私は証券口座を持つ3社かけ持ちで、IPOブックビルディングに応募することもあります。幸いにも、野村證券でもみずほ証券でも当選したことがあります。

64/100

TECHNIQUE

アフターコロナで企業経営が元通りになるとは限らない

2021年、新型コロナウイルスの感染拡大は現在進行形です。世界的にワクチン接種が進み、集団免疫が形成されたとしても、新たな変異株の登場といった不安もつきまといます。新型コロナウイルスが、通常の風邪のような存在になるまで、10年以上かかるのではないかという専門家の予測もあります。いつの日か訪れるアフターコロナの企業環境は、感染爆発前とは違ったものになるでしょう。それにより**株式投資への向き合い方も変えるべきだと私は考えています。**

コロナ禍では、外食・運輸・ホテル・旅行業などが大打撃を受けましたが、これらの業界の売上高や利益が元通りになるのは難しいのではないでしょうか。

コロナ禍で定着したものに「テレワーク」があります。私が会社員として体感したことでもありますが、多くの企業は在宅勤務でも仕事が回ることを学習しました。さまざまな経費削減にもつながる在宅勤務は継続して、以前のように満員電車に揺られて毎朝出社する環境には戻らないでしょう。すると、ランチや飲み会の需要も元には戻りません。外食業の業績への影響は、長引きそうです。

在宅勤務が定着すると、運輸業も打撃を被ります。交通費を都度払いにする企業が増えると、収益の柱の1つであった定期券収入が減ります。また、出張が必須ではないことを学んだ企業がオンライン会議を増やし、国内外の出張を減らして経費削減を継続することも考えられます。そうなると運輸業に加えて、ビジネスホテルなどの宿泊業のマーケットも縮小を迫られるでしょう。

以前のように世界中の人が自由に移動し、旅行を謳歌できる日がいつになったら戻ってくるのか。それは誰にもわかりません。運輸業や旅行・宿泊業を含めた観光産業全体も、しばらくは厳しい状況が続きそうです。

中長期投資では、アフターコロナで業績が戻る銘柄、戻らない銘柄を見極め、柔軟に考えながら、慎重に投資する必要があると私は考えています。

COLUMN

割安成長株で2億円達成までの戦歴②

2008年のリーマンショックのあおりを受け、日本経済が大不況に陥り、企業が非正規社員の雇用契約を打ち切る「雇い止め」が問題化。派遣会社や業務請負を手がける上場企業の株価が大暴落しました。私はそのタイミングで業務請負を手がける日本マニュファクチャリングサービス（現nmsホールディングス・2162）の株式を購入しました。この逆張り投資は見事に的中。派遣会社や業務請負の上場銘柄の株価はリーマンショック後、急回復します。

それ以降、今後は企業が業務そのものを外部企業にアウトソーシングする流れが加速するのではないかと考えて、業務のアウトソーシングを手がけるBtoB企業への投資に注力しました。同じ発想で福利厚生の代行を手がけるリロ・ホールディング（現リログループ・8876）やベネフィット・ワン（2412）に投資し、どちらも2倍前後の利益を上げました（その後両銘柄は当時の株価から10倍以上に上

昇。目のつけどころは良かったのですが、早く売りすぎたのが反省点です）。

現物株投資のみで信用取引に手を出していなかったこともあり、２００６年のライブドアショックから２００８年のリーマンショックの株価暴落局面をなんとか耐えることができましたが、株日記や株ブログを書いていた多くの個人投資家は、この時期に記事の更新が滞り、ブログが閉鎖されました。信用取引を手がけていた人も多かったので、大きな打撃を受けたものと思われます。

リーマンショックを経て、日本の株式市場はやや持ち直しましたが、私の保有株は大きな含み損を抱えたまま。現金買付余力も乏しい状況が続いていたので、２０１０年後半まで投資成績は低迷したままでした。

投資成績の見た目はパッとしませんでしたが、実際の含み損益は徐々に改善していきました。さらに２０１０年９月、いちばん大きな含み損を抱えていた銘柄であるチェルト（３３５４）が、ビルメンテナンスや清掃管理を手がけるイオンディライト（９７８７）と経営統合を発表して株価が急上昇します。これにより損失が一気に解消し、最終的には利益確定できました。

65/100

TECHNIQUE

中長期投資において人間はAIに勝る

2015年、野村総合研究所は、イギリスのオックスフォード大学との共同研究で、国内601種類の職業についてAIやロボットなどで代替される確率を試算しました。その結果、日本の労働人口の約49％が就いている職業は、10〜20年後には、AIやロボットなどで代替可能という結論が得られたそうです。

この調査では、証券会社のファンドマネージャーは、AIなどに奪われる職業に含まれていませんでしたが、私が株式投資を始めた2002年頃にはすでに「株式投資はAIを活用した機械的な取引にとって代わられるから、個人投資家はどう頑張っても太刀打ちできなくなる時代になる」といわれていました。

しかし、**あれから20年近く株式投資を続けてきて、個人的にAIに先回りされ**

て利益が得られなかったと感じたことは、一度もありません。

実態はわかりませんが、ＡＩによる取引はおそらく、出来高の多い銘柄や、値動きが激しい銘柄での短期的な取引に活用されているのではないかと想像されます。私が主戦場としている中長期投資に関しては、不確定な要素が多すぎるので、さすがのＡＩでも見通すのが難しいのではないかと思うのです。

中長期投資において、株価の日々の値動きは誤差の範囲で、中長期で上昇トレンドを描けるかのほうが大事になります。いっぽうで、日々の値動きで細かく儲けようとするデイトレードやスイングトレードに特化した短期投資家にとっては、ＡＩが天敵になるかもしれません。

私はＰＥＲといった株価指標に加えて、自らの投資経験をベースにした職人的な感覚を加味して売買しています。その部分はＡＩにはない、人間独自の力だと思うのです。ただし、将来的にＡＩの精度が想像を超えたレベルに高まることもあるでしょうから、そうなったら現在の株式投資の常識が通じなくなるのかもしれません。

66/100

TECHNIQUE

地方の証券取引所で大化け銘柄を探す

日本の株式市場では、東京以外にも名古屋・札幌・福岡の3か所に証券取引所が置かれています。

東京証券取引所には3800社近い銘柄が上場していますが、地方の証券取引所に上場している銘柄数は、それよりもかなり少ないです。名古屋証券取引所（名証）が284社（うち単独上場62社）、札幌証券取引所（札証）が58社（うち単独上場16社）、福岡証券取引所（福証）が107社（うち単独上場25社）となっています（2021年7月現在）。

さらに、東証にマザーズやJASDAQという新興市場があるように、地方の証券取引所にも新興市場が設置されています。名証の「セントレックス」、札証

の「アンビシャス」、福証の「Q-Board」です。

銘柄数は少ないとはいえ、地方には成長性を秘めた企業も潜んでいます。中小型株が多く、海外の投資家や機関投資家がほとんど投資対象としないことから、割安のまま放置された成長株が見つかることもあります。**私も、東証で割安銘柄が見当たらなくなったら、地方の取引所をチェックして購入することがあります。**

ニトリホールディングス（9843）は1989年に札証に上場しましたが、2002年10月に東証一部に上場するまで、札証での単独上場でした（いずれも上場時はニトリ）。ユニクロのファーストリテイリング（9983）が、現在は廃止された広島証券取引所に上場を果たしたのは1994年7月であり、その後東証二部に上場したのは1997年4月になってからです。「結果にコミットする」のCMでおなじみのRIZAPグループ（2928）が上場しているのは、札証のアンビシャス。RIZAPグループの株価は10倍どころか、一時期1000倍まで跳ね上がりました。未来のニトリやファストリを地方の証券取引所でいち早く探し出すことができたら、10倍株、1000倍株も夢ではありません。

67/100

TECHNIQUE

大化け銘柄は成熟産業からも探せる

株価が5倍、10倍になるような大化け株というと、AIやDX（デジタルトランスフォーメーション）のように、高い成長性が期待される分野から生まれるものだという固定観念を持っている人が多いかもしれません。

そうした銘柄は上場から間もないベンチャー企業が大半であり、上場時の公開価格や初値の段階から、期待値を織り込んだ割高な株価になっている恐れもあります。

AIやDXに代表されるIT業界のような成長産業ではなく、すでに成熟した産業からも〝大化け銘柄〟を探せると私は思っています。成熟産業では業界全体の高い成長は見込めません。ですが、シェアの大半を握るようなガリバー的存在

の企業が存在しておらず、中小企業が入り乱れているような業界では、銘柄によっては大きく成長することも考えられます。

そうした文脈で私が注目しているのは、中古自動車販売業界です。

中古自動車販売会社は、日本全国で数万店舗あるといわれています。多くは小さな販売店であり、業界最大手でもシェアは数％とされています。中古自動車販売業界のような成熟産業のなかでも、成長意欲のある２番手、３番手を探していけば、大化けもあり得ると私は思っているのです。店舗数が増えれば、それに比例して売上高と利益が上がり、株価が上昇する余地が出てくるからです。

私が継続保有しているグッドスピード（７６７６）は、そんな企業の１つで、大型店舗を毎年２〜３店舗ずつ着実に出店しています。仮に毎期２店舗ずつ増えていけば、５年後には10店舗、10年後には20店舗と増えているわけですから、それに比例して売上高も５００億円、１０００億円と膨らむかもしれません。

成熟産業で大化け銘柄を見つけるために、出店数が増えるにつれて、売上高の伸びが見込めそうな企業を選ぶというシンプルな考え方も有効だと思います。

TECHNIQUE 68/100

外食・アパレルなどの小売業には投資しない

私はストック型ビジネスへの投資を得意としており、外食業やアパレル業などの売り切り型ビジネスである小売業は、あまり投資対象にしません。

小売業は、店舗をハイペースで出店する拡大戦略をとっている段階では、売上高と利益の成長性が高いので、投資家にとっては魅力的に映ります。急速なチェーン展開で「いきなり！ステーキ」を全国に次から次へとオープンさせて、勢いがあった頃のペッパーフードサービス（3053）がその典型です。

投資の神様ウォーレン・バフェット氏は、高い参入障壁（彼の言い方では「wide moat」、直訳すると「幅の広い堀」）を持つ銘柄に投資すべきだと説いています。

小売業は一般的に参入障壁が低いため、同一商圏内で自社・他社との競合が起こ

りやすいという性質があります。さらに、好調な業態は他社に容易に模倣されやすいという弱みもあります。

そのためハイペースでの出店が一段落すると、既存店売上高の動向次第では成長性に陰りが見えてくることも少なくありません。それを補うために、既存店売上高が100％超をずっと続けるのは、不可能に近いのではないかと思うのです。

小売業では月次の売上実績を公表していることが多いため、小売業の銘柄に投資していると、月次の売上動向に一喜一憂しがちです。サラリーマン投資家の場合、売上動向が気になって仕事に身が入らなくなるのも困ります。これは、安定した売上高が見込めるストック型ビジネスにはないマイナス要因でもあります。

一方で、月次の売上高を公表している企業は透明性が高く、業績の変化の予測が立てやすいともいえます。そうした変化をとらえて機動的な投資ができる自信があるなら、小売業への投資もアリでしょう。それでも、ストック型ビジネスの割安成長株の中長期投資を得意としている私としては、今後も小売業への投資には慎重でありたいと考えています。

69/100

TECHNIQUE

過熱気味の相場でも割安成長株は見つかる

２０２１年の株式市場は、一時期バブル崩壊以降の最高値を更新して３万円の大台を突破するなど、新型コロナバブルの様相を呈しています。マネー誌などの取材でも、「いまの相場では、さすがに割安株を見つけるのは難しいですよね？」といった突っ込みをいただくこともありました。

日経平均や東証一部の株価を見ていると相場は過熱しているようにも思えますが、すべての銘柄が注目されて割高になっているわけではありません。一部の有力な銘柄に資金が集中している傾向があるのです。

とくに、東証マザーズやＪＡＳＤＡＱのような新興市場では、ＡＩやＤＸといった成長産業の銘柄に資金が集中して割高になっていますが、それ以外はまだ注目されておらず、アフターコロナでも高い成長性が望める銘柄はあります。

本書執筆時点で私が注視している有望銘柄を挙げるなら、国内外の企業向けに家具・什器・備品のレンタルを手がけるコーユーレンティア（7081）、関西電力や日本生命が株主・主要取引先で企業向けの物流サービスを手がけるヒガシトゥエンティワン（9029）などがあります。

私が目安としているPER15倍以下で増収増益トレンドの銘柄がすぐに見つけられないとしたら、基準を少し緩めてPER20倍以下の成長銘柄をウォッチリストに登録。それらの銘柄の株価の値下がりを期待しながら、買ってもいいと思える株価水準まで下がるのを待ちます。

割安成長株を多数見つけたとしても、1つ残らず投資できる資金的な余裕があるわけではないでしょう。1〜2銘柄でも「これだ！」というものが見つかれば十分です。

割安な銘柄が見つからないと焦ってPER30倍以下、40倍以下……と譲歩を重ねると高値づかみになることがあります。焦らず、妥協しないように。

70/100

TECHNIQUE

「二番底」への備えと「織り込み済み」とのバランス

株式投資の格言の1つに、「二番底は黙って買え」というものがあります。

株価が暴落して最初につける安値を、「一番底」といいます。そのあと株価がリバウンドしていったん上がってから、再び下げに転じて、もう一段低い水準に落ち込んだところが「二番底」です。この二番底が本当の底値であることが多いので、格言はそのタイミングで買えと教えているのです。

2020年3月、新型コロナウイルスの感染拡大で日経平均株価は1万6000円台まで暴落しました。同月下旬以降のリバウンド局面でも、私は二番底リスクを恐れて積極的な投資行動を控えていたのですが、二番底は訪れず、日経平均株価はバブル崩壊以降の最高値をつけるまでにV字回復しました。

過去のリーマンショック、東日本大震災の相場の暴落時には、現金買付余力に乏しく、割安になった銘柄を買いたくても買えませんでした。今回は事前に現金買付余力を7割前後まで増やしていたのですが、それを活かせなかったのは大きな反省点です。

コロナ相場を通して遅まきながら学んだのは、株式市場では「織り込み済み」という便利な言葉が通用するということ。２０２０年3月にコロナショックを一度体験した投資家たちは、まるでコロナの第1波で株価の下落材料に対して耐えられる免疫ができたかのように、第2波、第3波、第4波が襲ってくることは「織り込み済み」で行動できるようになっていたのです。

株式投資を長く続けていると、コロナ禍のような暴落局面を何度か体験します。コロナ相場では二番底が訪れず、割安になった銘柄を仕入れる絶好の機会を失いました。でも、それはあくまで「機会損失」であり、株式資産を大きく減らしたわけではありません。これからも「織り込み済み」という言葉を頭の片隅に置きつつ、現金買付余力を残して二番底への備えは怠らないようにしようと思います。

TECHNIQUE 71/100

IPOブックビルディングは高単元価格の銘柄に絞って狙う

私がメインに使っているSBI証券は、ネット専業の証券会社ですから、ネットでアクティブに投資している個人投資家が多いと考えられます。

当たればラッキーな宝くじ感覚で参加しているIPOブックビルディングでも、競争相手の多いSBI証券では、当選確率は低くなると考えられます。それでも私がSBI証券でIPOブックビルディングに応募しているのは、「IPOチャレンジポイント」という仕組みがあるからです。

SBI証券では、抽選・配分に外れた回数に応じて「IPOチャレンジポイント」が1ポイントずつ加算されます。次回以降にそのポイントを使うと、当選確率が上がる仕組みになっているのです。外れても外れても応募し続けているので、私の証券口座には、このポイントが６００ポイント近く貯まっています。

この貴重なポイントを使うのは、売り出し価格が1単元30万〜40万円といった比較的高単価の銘柄に限ろうと思っています。これぞという銘柄が出たら、貯まっているポイントを全部吐き出して当選を狙おうと、もくろんでいるのです。

参加者が増えてＩＰＯブックビルディングの当選確率が下がってきているからこそ、当たったときには少しでも多く儲けられるように工夫するべきです。仮に売り出し価格10万円の銘柄に３倍の30万円という初値がついたとしても、得られる利益は20万円です。売り出し価格40万円の銘柄に３倍の初値がついたら１２０万円となり、80万円の利益が期待できるのです。

ブックビルディングの応募に際して、資金面などの制約があって複数銘柄への投資が難しい場合、このように1単元あたりの株価が高い銘柄を選んで狙うと、当たったときの利益が大きくなります。ＳＢＩ証券以外でいうと、マネックス証券では取引実績や資産の状況に関係なく平等に抽選していますから、投資資金が少ない場合は、同社を利用してみるのもいいでしょう。

72/100

TECHNIQUE

物流（3PL）業界は地味ながら有望視できる

私は以前から、業務のアウトソーシング（外部委託）を受託する企業に注目しています。なかでもここ数年、その成長性に熱い視線を送っているのが、3PL（サード・パーティー・ロジスティクス）と呼ばれるビジネスを手がける物流企業です。

自社で物流を担うのが「ファースト・パーティー」、配送や倉庫などを部分的に外部委託するのが「セカンド・パーティー」、**3PLは企業の物流機能の全部や一部をアウトソーシングする形態を指します。**最近では、物流業務に関するノウハウを含めたサービスを提供する4PL（フォース・パーティー・ロジスティクス）も出てきました。

小売業やネット通販業にとって、商品を配送する物流網の構築は必要不可欠です。以前は自前で倉庫や作業員を抱えて、商品の配送のみを運送会社に外注するケースが多かったのですが、それでも商品の保管や物流には多大なコストが生じます。かといってアマゾンのように、倉庫から配送網まですべて自社で構築するのは、資金も時間もかかるため、大企業でも困難です。そこで登場してきたのが、3PLです。

3PLを活用すると、倉庫業務から商品配送まで、物流業務全般を丸ごと外部委託できますから、小売業やネット通販業は商品物流に関わる手間から解放されます。加えて3PLを受託する事業者が保有・委託している倉庫を活用できますから、投資して自社倉庫を構える必要もなくなります。

私が投資しているヒガシトゥエンティワン（9029）は、3PLの受託事業の拡大に乗り出しています。2020年12月に新規上場したビーイングホールディングス（9145）も3PL事業が主力であり、有望銘柄だと思っています。

物流業界は人員不足が課題となっており、株式市場では物流関連銘柄は必ずしも高い人気があるわけではありませんが、私は今後も3PL銘柄に注目します。

73/100

TECHNIQUE

自分の得意分野を伸ばし手を広げすぎないようにする

私は日本株の中長期投資を得意としていますが、それ以外にも、米国株、中国株、ベトナム株にも投資したことがあります。株式投資以外ではＦＸ（外国為替証拠金取引）にチャレンジしたこともあります。しかし、結局のところ日本株以外はうまくいかず、いずれも損失を出したことから早々に撤退しました。

米国株などの外国株に投資しても、その企業がどのくらいの競争力や成長性を秘めているかといった情報は、言葉の壁があって日本企業と同じようには得られません。最近はブラウザの翻訳機能もレベルが上がっているとはいえ、ＩＲ情報などを日本株と同じレベルで得ることは難しいもの。私は外国株を買ってはみたものの、売り時もわからないまま放置してしまい、損切りを強いられました。

FXに関しては、2008年のリーマンショックの頃、低金利の日本円を売って高金利のオーストラリアドルなどの通貨を買うスワップポイント（2国間の金利差から得られる利益）狙いの投資をしたことがあります。しかし、見込みが外れて、日本円がオーストラリアドルに対して大幅に値上がりしてしまい、含み損が100万円まで膨らんだ段階で損切り。それ以来、FXには手を出していません。

ネットで投資情報を検索していると、米国高配当株がいいとか、FXが儲かるとか、これからは暗号資産（仮想通貨）の時代だとか、さまざまな意見が飛び交っています。自分なりの軸が確立できていないと、こうした意見に振り回されてしまいがちですが、慣れない投資分野に興味本位で手を出したとしても、なかなか再現性のある成功体験を得られません。

あれこれと手広くやるよりも、自分なりに投資の軸を定めて、そこで試行錯誤を重ねて経験値を上げていって、得意分野に育てるほうがいいと思います。私自身、得意分野に特化してスキルを磨きあげたことが、良い投資成績につながったと分析しています。

74/100

TECHNIQUE

大きな資産形成をしても配当金狙いの投資はしない

会社員として働きながら株式投資を始めた頃は、資産2億円を築くことができたら、その半分の1億円で利回り4％の高配当銘柄を保有して、年間で税引き前400万円の不労所得を得ようと計画していました。

しかしその後、投資経験を積んだことで、資産2億円を超えてからも私は配当金（インカムゲイン）狙いの投資をしていません。その理由は、2つあります。

1つ目に、**私は値上がり益（キャピタルゲイン）狙いの株式投資が得意だから。**

これまで20年近く、私は値上がり益狙いの投資をしてきたおかげで、資産2億円を築くことができました。ということは、私には値上がり益狙いの投資が合っているといえます。今後も、その得意な手法で運用していけば、3億円、5億円

と資産を増やしていけるのではないかと期待しています。

自分の得意分野を活かして勝ち続けている間は、やり方を変えないほうがいいと思っています。慣れない配当金狙いの投資にスイッチしたとしても、これまでのような投資成果を出していけるとは限らないのです。

2つ目に、**配当利回り4％の10銘柄に仮に1000万円ずつ分散投資しても、値上がり益狙いの投資家としてのさがには、おそらく逆らえないからです。**

たとえ配当金の大幅減額がなくても、保有銘柄の業績に悪材料が出て株価が下がる局面が訪れたら、たぶん損切りしたくなります。逆に業績が伸びて株価が十分上昇したら、利益確定したくなるのではないかと思うのです。後者ならまだしも、10銘柄の株価が20～30％下落して数千万円単位の含み損を抱えたら、ショックは大きいでしょう。

そもそも1億円もの資産を配当金狙いの投資に振り分けるのは、かなりの勇気が要ることです。少なくとも、2021年現在のように株式市場が高値水準で推移しているときには、配当金狙いの投資をするべきではないと考えています。

75/100

TECHNIQUE

人口減少の日本市場で運用しても大丈夫な理由

日本の総人口は2008年を境に減少に転じています。2050年前後には1億人を割り込み、米ワシントン大学の推計では、2100年には現在の半分以下の6000万人にまで減るそうです。

急速な少子高齢化により、人口減少のペースを超えるハイスピードで「生産年齢（15〜64歳）人口」の減少が進み、2020年には7482万人だったものが2050年には5366万人と、2000万人以上減ると推定されています。

日本のように全人口と生産年齢人口が減り続ける国家では、企業はいま以上に海外に活路を見出さない限り、ビジネス的には縮小・整理を余儀なくされます。

そのような状況下で、日本の個別株に投資を続けるのは正しいのでしょうか。

個人的には、少なくとも個別株に関しては、米国株などではなく、日本株投資を積極的に続けようと思っています。日本の国内市場は縮小するでしょうが、そうした逆境をモノともせず、力強く成長を続ける業界や企業は必ず存在します。そこを見極めて投資すればいいのです。

総人口も生産年齢人口も、ある日突然減るわけではなく、緩やかな減少トレンドを描きます。それにともなって投資環境の変化も、緩やかに進行していくことでしょう。3年先を見通して行う中長期投資なら、そうした変化に応じて投資行動をとることができます。「日本はオワコン」「日本株はもうダメ」といった悲観論もありますが、あまり気にしていません。

ただし、投資信託における運用先からは、すでに日本株を外しており、米国株を始めとする海外の投資先に限定しています。20〜30年の超長期保有を前提とする投資信託に、日本株ばかりを組み込むのは、リスキーだと思うからです。

日本株の中長期の個別株投資はアリですが、投資信託での超長期保有の運用はナシというのが、私の考え方です。

76/100

TECHNIQUE

相場の見通しは悲観的でちょうどいい

京セラや第二電電（現ＫＤＤＩ）の創業者である稲盛和夫氏の名言に、「楽観的に構想し、悲観的に計画し、楽観的に実行する」というものがあります。一方、旧日本陸軍の参謀で、戦後は伊藤忠商事の顧問などを務めた瀬島龍三氏は、「悲観的に準備をし、楽観的に対処せよ」という言葉を残しています。

悲観論一辺倒でも、楽観論一辺倒でもダメだということなのでしょうが、私の相場観はつねに悲観的です。ブログでも、今後の相場予測を書いていますが、ついつい悲観的な見通しを立ててしまいます。

ふり返ってみると、２０１７年頃にはアベノミクス相場はそろそろ終わるだろうと考えていました。２０１９年あたりには東京五輪への投資活動が終わり、消費税増税も相まって景気後退に陥るだろうと読んでいました。そして、２０２０年に新型コロナウイルスの感染症拡大にともなう最初の緊急事態宣言が発出されて以降は、株式市場は一度底を打って好転した後、再度悪化して二番底を打つと想定していました。

　こうした悲観的な予想は結果的には外れたのですが、**相場を悲観的に見続けているおかげで、現金買付余力を多めに残している状態が続きました。**そのために株式資産の伸びはここ数年鈍化していますが、２０２０年3月の株式市場の新型コロナショックではパニック売りに陥るのを避けられました。いつも悲観的に準備をしている私には、株式市場の下落は「織り込み済み」だったからです。

「今後は金融緩和で本格的なバブルが訪れる」「日経平均株価は4万円まで上昇する」といった楽観的な見方もありますが、相場に強気になって証券口座の資産をフルインベストメントしてしまうと、楽観的な見通しが外れたときに手痛い損失を被ることも考えられます。株式市場から退場せず、資産を保全するためには、相場の見通しに警戒感を怠らず、悲観的でいるくらいでちょうどいいのです。

貯男's POINT

インフレリスク回避のため
金（ゴールド）にも投資しておく

投資は自分の得意分野を活かすといいですが、私にとってのそれは割安成長株への中長期投資。とはいえ、それ以外にも将来のインフレ（物価が上昇し通貨の価値が下がる）リスクに備えて金への投資もしています。金はインフレに強い資産といわれています。

金への投資には、毎月定額で金を購入する「純金積立」と「金ETF（上場投資信託）」がありますが、私はその両方に投資しています。

純金積み立ての売買益にかかる税金は、50万円までは申告不要で非課税ですが、50万円を越えると総合課税の対象となり、他の所得と合算した「累進課税」となります。

非課税枠があるのがメリットですが、インフレ時には、金価格がいまの数倍に膨らむことも考えられます。そうなると、総合課税が適用されてしまい、額によっては利益の半分近くが税金として持っていかれるかもしれません。

金ETFは、株式と同じく「申告分離課税」であり、売買益にかかる税金は20.315％で固定されています。金ETFの売買手数料は少額ですが、投資信託と同じように信託報酬を払う必要があります。

純金積立は、買付時の手数料は多少かさみますが、金ETFのような信託報酬は発生しません。

50万円までの非課税枠内で、長期保有するというやり方であれば、「純金積立」がおすすめ、短期売買であれば「金ETF」のほうが売買手数料が安い分有利だと思います。

100

STEP 4

経済的自立をするための投資術

PRACTICAL TECHNIQUES

77/100

TECHNIQUE

不景気で仕込む銘柄 好景気で仕込む銘柄

2008年のリーマンショックを発端とする世界的な不況期には、日本では製造業を中心に派遣切りや雇い止めが社会問題化しました。その際、派遣業や業務請負業関連の銘柄の業績が悪化し、株価が下落しました。しかし、派遣業や業務請負業は設備投資が不要で、労働集約型の身軽さが特徴ですから、多くは倒産せずに不況期を乗り切りました。

そのとき私は、日本マニュファクチャリングサービス（現nmsホールディングス・2162）という業務請負業の株を購入し、2倍になったところで利益確定したのです。**派遣業や業務請負業銘柄には、リーマンショックで底値をつけた後、株価が50倍になったものもあります。** 新型コロナウイルス蔓延後、不況に突入し

て派遣業や業務請負業の株価が下がったら、現貯金を多く持つなど財務体質が強く、倒産しにくい銘柄を狙うのも一手です。失業率が上昇したら、派遣や業務請負のニーズが高まり、リーマンショック後のように株価上昇も考えられます。

逆に好景気では、好況で業績が拡大している景気敏感株は株価が上がりすぎて、高値づかみになる恐れがあります。景気敏感株には、鉄鋼・化学・紙パルプなどの素材産業や工作機械などの設備投資産業があります。

好景気のときに仕入れるなら、業績が好不況の波に左右されにくい銘柄です。なぜなら、景気後退期でも業績への影響が軽微であれば、景気敏感株と比較して株価の下落は緩やかです。そのため、継続保有すべきか損切りして現金を増やすべきかをゆっくり考えることができます。

好不況の影響を受けにくい業界としては、介護や葬祭関連、またディスカウントを売りとする小売業などの銘柄が挙げられます。ただし、不況・好況はあとでふり返ってわかることが多いものですから、現在進行形の景気動向を冷静に判断する難しさはあります。

78/100

TECHNIQUE

株価の底と天井は他人にくれてやる

株価の最安値（底）で買い、株価の最高値（天井）で売り抜けることができたら、最大限に株価上昇の利幅を得られます。

底で買って天井で売ることができたら最高ですが、実際のところ、それは不可能に近いです。まず、**いつが底なのかは、誰もわかりません。結果として、あとからわかることです。**

リーマンショックのときに底値で買っていたら儲かった、新型コロナショックのときの底値で買っていれば儲かった――いずれも、あとからふり返るからこそ、わかるもの。株価の暴落が現在進行形で続いている最中に、いまが底なのか、それともさらなる株価の下落が起きて「二番底」が待ち構えているのかは、経験豊

かな証券アナリストでも判断が下せないはずです。

私が株式投資を始めたのは、２００２年に日経平均株価がバブル崩壊以降で最安値をつけたタイミングでした。同じように、景気が悪いときに株式投資を始めるのは悪くないと思うのですが、**株価が底を打ってから反転するまでに、どのくらいの時間がかかるのかは、誰にもわかりません。**半年で反転することもあれば、反転まで数年以上要することも考えられます。

底から反転して天井に近づくまでの間、果たしてずっと保有ができるでしょうか。保有していることを忘れてしまったら話は別ですが、ふつうに株価をウォッチしていると、そのストレスに耐えかねて売却し、大きな含み損が生じることだって考えられます。

いつが底なのかがわからないように、いつが株価の天井かも、あとからふり返ってみて、「あのときが天井だったのか」とわかることです。

「株価の底と天井は他人にくれてやる」という気持ちでいましょう。底で買って天井で売らなくても、割安な銘柄を仕入れて中長期投資すればいいのです。

79/100

TECHNIQUE

保有銘柄に悪材料が出たら継続保有するか損切りするか

私は投資する際、「この銘柄はこのように成長して、○%くらいは上がるだろう」といったストーリーを描きます。

ですから、**業績見通しを下方修正するなどしてストーリーが崩れるような悪材料が出たら、迷わず損切りするのが基本です。**では、業績はとくに問題がないのに、企業に不祥事が発生したら、どうすればいいのか。実例を挙げましょう。

2019年、私が保有していたアルテリア・ネットワークス（4423）が上場してほどなく、独占禁止法に抵触する行為があるという内部告発により、社長が辞任を発表。株価は一時急落してストップ安（値幅制限の下限）となりました。上場時1200円ほどだった株価が、1000円前後まで下がったのです。

でも私は、その時点で損切りしませんでした。企業向け・マンション向けの光ファイバー通信サービス事業で安定的な収益を得るというストック型ビジネスへの影響は軽微だろうと考えたのです。株価的にも、配当利回りで5％弱が見込まれる水準まで下落したので、騒動が一段落したら株価が戻り歩調になるだろうと判断。下落したタイミングで買い増ししたのです。

結果として、不祥事があっても業績自体は堅調に推移し、株価は一時２０００円を超えるまで上昇し、株価2倍近くなったところで利益確定しました。

失敗例もあります。ＪＤドットコム（ＪＤ）というＥＣサイトを運営する中国企業は、米ＮＡＳＤＡＱに上場した米国株ですが、創業者の不祥事があり、購入後に株価が下落。私は、業績は今後も高成長が続くだろうと考えて、含み損を抱えながら保有を続けたのですが、米国株式市場全体が調整相場の様相を示したタイミングで損切り。２００万円を超える損失を被りました。

これは、私にとって個別株で最大の損失。高い授業料を払いましたが、事情がわからない外国株に安易に手を出すべきではないという貴重な教訓を得ました。

80/100

TECHNIQUE

東証マザーズ指数の下落に巻き込まれた人気銘柄を狙う

私の投資先は、発行済み株式数が少なめで時価総額が中小規模の中小型株が多いです。その中小型株が多数上場しているのが、新興市場の代表格である東証マザーズです。

東証マザーズに上場する銘柄の大半は、「東証マザーズ指数」が大きく下がると、それにつられて下がる傾向があります。

発行済み株式数が多くて時価総額も大きい大型株が多数上場する東証一部なら、日経平均株価が下げたとしても、その影響を受けにくい銘柄があります。それは景気変動や相場の地合い（値動き）に左右されにくい「ディフェンシブ株」。具体的には、医薬品・食品・電気・ガスなどに関連する銘柄です。

一方、**マザーズ銘柄の中心はIT系などのベンチャー企業であり、ディフェンシブ株と呼ばれる銘柄がほとんど存在しません。**機関投資家より個人投資家が多いこともあり、銘柄の業績や成長性に悪材料が出ていないのに、マザーズ指数の下落に引きずられるように株価が落ち込みやすいのです。

業績が好調に推移している成長企業にとってはいい迷惑ですが、この下落のタイミングは優良な成長株を割安に仕入れる、バーゲンセールのようなもの。

マザーズ銘柄にはPER50～100倍といった割高な銘柄もあります。とくにテーマ性の高いAIやDXに関連する銘柄は、上場以来人気の高い状態がキープされていることもあります。

PER50～100倍だと割安とはいえませんが、マザーズ指数の下落という調整局面では割高だった銘柄の株価が下がり、PER15～20倍になることもあります。割高なテーマ株は通常は投資対象外ですが、業績や成長性を評価していたのに、「PERが50倍ではさすがに買えないな」と見送っていた銘柄のPERが射程圏内まで下がったら、購入のチャンスなのです。

TECHNIQUE 81/100

バイオ・創薬関連株は避けたほうがいい

2020年12月、私はSBI証券でIPOブックビルディングにくり上げ当選しました。ファンペップ（4881）という銘柄で300株でした。

SBI証券から補欠当選の連絡が届いたため、購入の申し込みをして、くり上げ当選が確定してから、この銘柄がバイオ・創薬関連株だと気づきました。

私は通常、バイオ・創薬関連株への投資は見送ることにしています。

バイオ・創薬関連企業は、事業資金を先行投資してから利益が上がるまでに、長い時間を要することが多く、場合によっては巨額の赤字を出し続けることも少なくありません。その赤字を埋めて新たな投資資金を株式市場から調達するために、上場してくるケースも多いのです。

IPO銘柄では上場を認めてもらうために、それぞれが将来の高い成長性をうたっていますが、苦労して開発した新薬が市場で評価されて〝金のなる木〟になれるかどうかは未知数です。ましてや私のような個人投資家は、新薬の先行きを評価できません。PER（現在の株価÷1株あたりの当期純利益）は業績が黒字になって初めて計算が成り立つ数値ですから、純利益が赤字のバイオ・創薬関連企業はPER的に投資対象外。IPOセカンダリー投資の対象にもなり得ないのです。

そういうわけで、**バイオ・創薬関連企業は当面の業績が悪く、IPOに際しても買ってから即座に売却する投資家が多いため、初値が公募価格を割り込んで損をする確率が高いと私は見ています。**

とはいえ、申し込みを終えてからバイオ・創薬関連企業と気づいても、あとの祭り。新規上場日の公募価格割れだけはなんとか避けてほしいと願っていたのですが、蓋を開けると公募価格650円に対してプラス10％の715円の初値がつき、幸いにも1万8000円の利益を出して売り抜けることができました。ちなみにファンペップの株価は2021年5月末時点で低迷を続けています。

82/100

TECHNIQUE

ストック型ビジネスの明暗を分けたもの

私はストック型ビジネスへの投資を重視していますが、コロナ禍以降、ストック型ビジネスを展開する企業の明暗が分かれました。

私が投資しているプレミアグループ（7199）は、2020年の第1回目の緊急事態宣言下でも、売上高が落ち込みませんでした。プレミアグループがおもに手がけるのは、中古車のオートクレジット（割賦販売）とワランティ（修理保証）というストック型ビジネス。外出自粛で新規客が減り、新規契約が落ち込んだとしても、それ以前に契約した顧客の売上高が分割計上されますから、短期的には急落しにくいのです。

同じストック型ビジネスでも、コロナ禍によって大打撃を受けたのは、運輸業

とフィットネス業です。

都市部の鉄道会社は、運賃収入の多くを定期券収入に頼っています。定期券収入は安定した収益源でしたが、コロナ禍による外出自粛、テレワーク推奨によって通勤客が大幅に減少し、大きく減りました。これを機に都心のオフィスに集まって仕事をするというスタイルが変わると、コロナが終息しても、定期券収入が以前と同じレベルまで回復するのは難しいかもしれません。

フィットネスクラブは、2020年の第1回目の緊急事態宣言下では施設の休業を迫られたため、売上高の記録的なダウンを余儀なくされました。その後も、新規入会者が伸び悩む一方、退会者・休会者が後を絶たず、売上高は回復できていません。高齢化のさらなる進行や健康志向の高まりを背景として、会員から定期的な会費収入が見込めるフィットネス業は、手堅いストック型ビジネスだと私は考えていました。しかし、想定外のコロナ禍で足をすくわれてしまいました。運輸業とは違い、長い目で見るとフィットネス業は復活するかもしれませんが、コロナ以降の先行きは不透明なので、投資対象からは外しています。

TECHNIQUE 83/100

株価チャートは参考程度に眺めるだけ

私は株価チャートを詳しく分析することはありません。株価チャートを詳細に分析して運用することを得意とする投資家もいますが、そうした「テクニカル分析」は私の得意分野ではありません。不得手なことをわざわざやる必要はないと思っていますし、そもそもそれで利益が出せるものでもないと考えています。

株価チャートで私がチェックするとすれば、せいぜい「ゴールデンクロス」「デッドクロス」「三角保《も》ち合い」程度です。

ゴールデンクロスとデッドクロスは、「移動平均線」から、買うタイミングと売るタイミングを判断するもの。移動平均線とは、一定期間における終値の平均値をグラフにしたものであり、短期・中期・長期という3つのスパンがあります。

ゴールデンクロスは、株価が大きく下落した後、短期の移動平均線が、長期の移動平均線を下から上へ交差して突き抜けるもの。株価が上昇に転じるサインとされており、一般的には株式の買い時を示しています。

逆に、デッドクロスは、株価が大きく上昇した後、短期の移動平均線が、長期の移動平均線を上から下へ交差して突き抜けるもの。株価が下落に転じるサインとされており、一般的には株式の売り時を示しています。

ゴールデンクロスとデッドクロスでは、交差の角度が鋭角であるほど信頼性が高く、角度が緩やかになるほど信頼性は低いとされています。

三角保ち合いの「三角」は、株価の上昇と下落の振幅が徐々に狭くなり、グラフの上下の頂点を結ぶラインが三角形に近づいたもの。「保ち合い」は、株価の上下動が一定範囲内で継続している状態です。**三角保ち合いが生じると、その頂点で株価は大きく動きやすいとされています。**

いずれにしても私は、こうした株価チャートの分析だけで投資判断をすることはありません。株価チャートは、あくまでも参考程度に眺めるだけです。

84/100

TECHNIQUE

注目のテーマ株はリスク大なので投資対象外

株式市場には「テーマ株」と呼ばれる銘柄が現れます。近年なら、「ＡＩ」「ＤＸ」「フィンテック」「ＣＡＳＥ」といったキーワードの関連銘柄です。

テーマ株には世間の耳目が集まり、株価の上昇も期待されますが、私はテーマ株への投資は控えています。なぜなら、**テーマ株の大半は、テーマ株化している時点ですでに過大評価されている傾向があり、株価も割高になりがちだからです。**

企業業績の着実な伸びや市場の成長といった実体をともなう裏づけがない限り、世間の注目が他のテーマに移ると、一気に株価が下落することもあり得ます。

新型コロナウイルスの感染拡大に際しても、多くのテーマ株が出現しました。

たとえば、巣ごもり需要の拡大でテーマ株化したのが、テイクアウト需要に関連

する銘柄。その1例が、食品用トレーを手がけるエフピコ（７９４７）です。こうした銘柄の存在に後追いで気づいたとしても、おそらく購入タイミングとしては手遅れでしょう。

私がテーマ株に投資しない理由をもう1つ挙げるなら、投資先の限定につながるためです。数ある銘柄から投資先を選ぶのは大変ですが、かといってテーマありきになると視野が狭くなりすぎます。テーマ内で無理に探そうとすると、投資対象を絞ることになり、「他にないから、ＰＥＲは高めだけど、買っておこう」といった妥協する場面も出てくるでしょう。

ただし、多くの投資家が次のテーマ株として注目する以前に、将来有望な銘柄があると気づけたら、積極的に投資するべきです。私の妻が以前、「恋愛アドベンチャーゲームの『うたの☆プリンスさまっ♪』が流行っていて、今度アニメのシーズン2が始まるから、開発元のブロッコリー（２７０６）の業績が伸びると思う」と話したことがありました。私はピンとこなかったので投資を見合わせたのですが、その後ブロッコリーの株価は10倍以上に上昇しました……。

85/100

TECHNIQUE

調整局面でうろたえず銘柄の成長性を見極める

株式市場には、定期的に「調整局面」と呼ばれるタイミングが訪れます。株式市場における調整局面とは、右肩上がりで上昇していた相場の上昇スピードが鈍化したり、下降に転じたりするフェーズのことです。

調整局面に入ると、「いまこそ買い時だ！」と思いたくなりますが、その後も株式市場が下げ続けることもあります。同じ調整局面でも、1週間で終わることもあれば、それは終わりの始まりであり、数年間ダラダラと下落傾向が続くことも考えられます。どちらに転ぶかは、まさに「神のみぞ知る」です。

株価は生き物のように揺れ動いています。1日で5％下がったから、チャンスだと思ってお目当ての銘柄に飛びつくと、さらに下がり続けて含み損を抱えるこ

ともあります。数日単位の短期的な値動きに過剰反応しなければなりません。

割安成長株だと信じて保有している銘柄は、相場全体が調整局面に入ったとしても、その銘柄固有のビジネスモデルや事業の成長トレンドが堅持されているならば、含み損が少し増えたとしても損切りせずに継続保有したいところ。

２００８年のリーマンショックでは、割安成長株として保有していたチェルト（現イオンディライト・９７８７）という銘柄の株価が下がり、１銘柄で数百万円の含み損を抱えました。しかし、ビジネスモデルが崩れているわけでもなく、増収増益が続いていましたから、損切りせずに継続保有。その後、リーマンショックからの国内景気の回復で株価は上昇し、３５０万円の利益確定ができました。

現金買付余力が不十分なまま、調整局面で含み損が拡大し続ける状況に直面すると、証券口座内の資産が大きく減る恐れがあります。その場合、投資先の本業に問題がなくても、含み損が膨らみすぎた銘柄はいったん損切りして現金化に踏み切り、資産減少にストップをかける決断に追い込まれることも考えられます。そうした失敗を防ぐためにも、現金買付余力に余裕を持つことが大事なのです。

86/100

TECHNIQUE

人気の超優良銘柄は投資対象にしない

株式市場では、高い利益率を誇る企業は優良銘柄として国内外の投資家から高く評価されますが、利益率が低い企業はなかなか評価されません。

優良銘柄の代表格は、センサーや制御機器の大手キーエンス（6861）や、医療用機器を手がけるマニー（7730）など。どちらも高い営業利益率を誇り、外国人投資家や機関投資家から高い評価を得ています。

ですが、こうした優良銘柄は人気が高いゆえに、株価が割高になり、高PERとなっています。キーエンスもマニーも、PERは60倍を超えています（2021年5月末時点）。割安成長株は、業績が伸びて高い成長性を示しているにもかかわらず、株価がそれに追いついていない低PERの銘柄を探し出して投資するのが

基本です。高ＰＥＲの優良銘柄は、初めから投資対象にしていません。

高い利益率ですでに評価されている銘柄は、それ以上に利益率を引き上げるか、利益率を維持・向上しながら売上高を伸ばし続けない限り、株価の上昇は見込めません。どちらもハードルが高いうえに、ライバル企業に打ち勝つ競争力が少しでも下がると利益率は低下します。そうなると、株価が過熱気味で十二分に高くなっている分、下落する余地もあると考えられます（キーエンスやマニーのような極めて優秀な企業では、こうした心配は杞憂に終わるのが常なのですが……）。

私はこうした優良銘柄ではなく、現在は利益率が決して高くない水準でも、増収増益トレンドにある成長企業を選ぶようにしています。なぜなら、事業成長や企業努力による利益率の伸びしろが大きく、それまで株価指標的に評価されていなかった分だけ、株価の上昇余地が大きいと考えられるためです。

一般的には、名の知れた優良銘柄を選んで投資しようという個人投資家のほうが多いでしょう。私の意見は少数派と思われますが、その他大勢と違う投資行動をとるからこそ、儲けられるというのもまた事実だと思うのです。

TECHNIQUE 87/100

地方新興市場の流動性の低さに注意する

私の投資対象は、東証マザーズやＪＡＳＤＡＱといった新興市場に上場している銘柄が大半ですが、一般的には新興市場の銘柄への投資はリスクをともなうとされています。活発に売り買いしている投資家が限られており（それを「流動性が低い」といいます）、なんらかの悪材料が出て「売りたい」と思ったとしても、売るに売れない状況に追い込まれることも考えられるからです。

私も過去に手痛い失敗をしています。

保有していた不動産分譲や仲介などを手がけるハウスフリーダム（８９９６）が大幅減配を発表したことから、株価が急落してストップ安になりました。私は即座に損切りを決断しましたが、買い手がつかず売るに売れない状況が続くうち

にストップ安が数日続いてしまい、ようやく売れたときには１００万円以上の損失を被りました。

そうした経験をしてもなお個人投資家が新興市場での流動性の低さを気にするあまり、投資を控えるのはマイナスだと思います。**割安成長株は人気がないゆえに割安なのであり、流動性が低いのは宿命のようなものだからです。**

出来高が少なく流動性に乏しい銘柄であっても、自分の投資基準に照らして魅力的な部分があるのなら、注目を浴びて他の投資家から買われる前に、割安な段階で仕込んでおくのも有効だと思います。そうした機動的な運用ができるのは、機関投資家よりも小回りが利く個人投資家ならではの優位性でしょう。

ハウスフリーダムは福岡証券取引所の新興市場Ｑ‐Ｂｏａｒｄの上場銘柄で、私の保有株が多めだったこともあり、売りたいときに売れませんでした。しかし、同じ新興市場でもそれなりに出来高のある東証マザーズやＪＡＳＤＡＱなら、１銘柄１００万～２００万円程度の取引であれば、売るに売れない状況に陥る心配は少ないでしょう。

88/100

TECHNIQUE

米国株は投資信託で個別株はまだ買わない

米国株に投資する個人投資家が増えてきました。

世界中から資金が集まるアメリカの株式市場は世界最大の規模を誇り、成長性も高いです。日本ではみんなが将来の10倍株を探していますが、アメリカにはもっと成長性の高い銘柄がたくさんあります。たとえば、Ａｍａｚｏｎ（ＡＭＺＮ）は１９９７年に上場したときは1株わずか１・73ドルでしたが、現在の株価は３３２８ドルほどで１９２３倍以上になっています（２０２１年7月30日時点）。

私も米国株の成長性には大きな魅力を感じていますが、本格的な米国株投資は控えています。多くの日本人と同じく私も英語が苦手であり、米国経済や株式市場の動向、企業の活動状況などをきちんと把握することができません。米国株（個

別株）を買ったとしても、どのタイミングで買い、どのタイミングで売ればいいのかという勘所がわからないのです。

2020年、アメリカのロケット・カンパニーズ（RKT）という銘柄を上場したタイミングで買ったことがあります。ちなみにロケットの会社ではなく、住宅ローン融資の会社です。ツイッターで話題になっていたので、「損をしてもいいや」と思って勉強がてら買ってみました。株価は上がったのですが、何%で利益確定するのが妥当かもわかりません。わけのわからない銘柄を持っていることにストレスを感じ、ほどなく売却しました。値上がり益は得られたのですが、納得感に乏しく、なんとなく買ったことを後悔したのです。

こうした理由から、米国株に関しては勤務先で積み立てている企業型確定拠出年金や、証券口座の投資信託の枠組みでの投資に留めています。米国株に分散投資する投資信託を買って、間接的に米国株に投資しているわけです。

もし日本株と同じように、米国株について理解が深められれば、あらためて個別株にチャレンジしてみたいと思っています。

89/100

TECHNIQUE

不人気な銘柄こそ割安成長株の真骨頂

２０２１年前半、コロナ禍の株価上昇の局面では、ＡＩやＤＸの関連銘柄の人気が高く、それらの株価は高値で推移しています。

一方、私が好んで投資している介護業界などの割安成長株は、相変わらず人気がなく、株価上昇のトレンドにとり残されたままです。不人気で株価が上がる気配が一向に見られない銘柄を、そのまま継続保有するのが正しい選択なのかと不安になることもあります。

しかし、割安成長株は不人気だからこそ、業績が好調でも注目されないままで放置されており、割安なのです。割安成長株に投資している以上、「相場の上昇トレンドが株価に反映しない……」とイライラしてもしょうがありません。

日経平均株価と連動するように、調子良く上昇を続けている銘柄に関しては、多くの投資家が利益確定のタイミングを計っています。

２０２１年前半のように、株式市場全体が右肩上がりになっているときは、「まだ上昇トレンドは続くかもしれない」と考える新たな買い手が次々と現れてくれますから、利益確定売りの需要を吸収してくれます。

ところが、株式市場がずっと右肩上がりトレンドを続けることはありません。何かのきっかけでひとたび相場が崩れて上昇トレンドが終焉を迎えると、利益確定売りが殺到して、株価は急落に転じることも少なくありません。

株価が急落するような局面では、多くの割安成長株もまったくの無傷ではいられないでしょう。そうはいっても、**私の経験では1日に5％以上下げることはそうそうなく、相場に翻弄されずに済むことが多いです。**

そのため、中長期保有の割安成長株は、日経平均株価が高値を更新するような局面でも、逆に下落に転じるような局面でも、比較的安心して保有し続けることができます。

90/100

TECHNIQUE

流通量の少ない銘柄で品薄・株価上昇を狙う

株式投資を始めて間もない頃、私が好んで投資していたのが、発行済み株式数の少ない銘柄です。何かのきっかけで「これは割安成長銘柄だぞ！」とスポットが当たって人気が出てきたら、発行済み株式数が少ないのに買いたい人が大勢いて、売りたい人は限られる状況になります。

株式が品薄状態で〝売り切れ状態〟になれば、株価はうなぎ上りになるという単純な発想から、私は発行済み株式数の少ない銘柄に目をつけていたのです。

発行済み株式数の少ない銘柄では、企業側は株式分割をして株価を半減させることによって流動性を高めることも多いのですが、私が投資を始めた２００３年前後は株式分割が株価に反映されて、分割で増えた株式が市場に流通するまでに

1～2か月のタイムラグが生じていました。そのため、企業が株式分割を発表してから、増加した株式が流通するまでの間に株価が急騰するケースが相次ぎました。いわば「株式分割バブル」です。私が保有していた銘柄では、投資用不動産の販売などを行う持ち株会社シノケングループ（8909）のように、株式分割を発表してから株価が一気に上昇して含み益が拡大したこともありました。

現在では制度が変わり、株式分割にともなう株価の調整と、増加した分の株式の流通が同時に行われるようになり、「株式分割バブル」のような状況は起こらなくなりました。それでも、**発行済み株式数の少ない銘柄や、経営陣や従業員持株会の保有比率が高くて、市場に流通する株式数が限られる銘柄では、「株式分割」↓「品薄・売り切れ」↓「株価上昇」という状況を狙って、銘柄選びをするのも面白いと考えています。**

興味を抱いた銘柄では、発行済み株式の総数を最低単元の100株で割り、そこから経営陣や従業員持株会の保有分など市場に出回る可能性が低い株式数を除外して、市場に流通する株式数をざっと計算してみるといいでしょう。

COLUMN

割安成長株で2億円達成までの戦歴③

2010年、私はリーマンショックからの復活を遂げたのですが、ホッとする間もなく2011年3月、日本は東日本大震災と福島第一原子力発電所のメルトダウンという非常事態に見舞われました。

この事態に際して保有資産は数日で1000万円ほど減少したのですが、震災からの復興需要への期待もあり、株式市場の調整は短期間で終了。その後、民主党から自由民主党への政権交代があり、2012年12月にアベノミクス相場が始まりました。

株式投資を始めた当初はもちろん、ライブドアショック、リーマンショック、東日本大震災といった株価の暴落局面に際して、私にはことごとく現金買付余力に余裕がありませんでした。証券口座の全資産が株式というフルインベストメントに近い状態だったのです。

現金買付余力を残しておかないと株価が下落した際に保有資産への打撃が大きくなりますし、株価を大きく下げて割安になった成長株を拾うこともできません。何度も同じ失敗をくり返した挙げ句、ようやく私は学習して、つねに現金買付余力を残しながら株式投資に臨むようになっていきました。

おかげでアベノミクス相場が始まってからは、上昇相場に乗っかり、株式投資で利益を順調に伸ばすことができるようになりました。結果、2015年に株式資産1億円を突破し、2019年に目標としていた2億円に到達します。

2020年以降、新型コロナウイルスの感染拡大により、日本の国内経済はリーマンショックを上回る大不況にあるともいわれますが、大規模な金融緩和と財政出動もあって株式市場は堅調に推移しています。

私は過去の投資経験から、株式市場が暴落しても大きな痛手を被らないように、現金買付余力を確保するなど、将来の株価下落への備えは怠らないようにしています。そして、2億円超まで増やせた株式資産を大きく減らさないように心がけながら、株式資産3億円、5億円を果敢に狙いたいと考えています。

91/100

TECHNIQUE

100株だけ保有して株主優待を享受する

値上がり益狙いの株式投資とは別に、「株主優待」が得られる銘柄を保有するのも楽しいものです。私が株主優待狙いで保有している銘柄としては、オリックス（8591）があります。オリックスは2015年から6年以上、保有し続けています。

オリックスの株主優待は、「ふるさと優待」というものです。全国各地の同社の取引先の企業が手がける商品を集めてカタログギフト化したもので、権利確定月（3月末）時点で100株以上保有する株主に、毎年1回送られてきます。

商品ラインナップを通販サイトで検索して調べてみたところ、当初のカタログギフトは市価で5000円程度の内容になっていました。3年間保有すると、カタログギフトの内容はグレードアップする仕組みになっています。

オリックスは配当利回りも4~5%と高水準で推移していますから、100株だけ持っておくのは悪くないと思います。余談になりますが、私がすすめたことから母親もオリックスの株式を100株保有しており、毎年株主優待と配当金を楽しみにしています。

この他にも、私が過去に株主優待狙いで保有していた銘柄に、コナカ(7494)とサンマルクホールディングス(3395)があります。

紳士服のコナカでは、サラリーマンに欠かせないオーダースーツを安く作れる優待券が得られました。サンマルクでは、同社の系列店舗の飲食料金が20%オフになる株主優待カードをもらえました。

株主優待狙いの銘柄は、株主優待の権利が確定する月に向けて株価が上がり、株主優待の権利確定後に株価が下がる傾向があります。売却を考えるなら、株価が上がりやすい権利確定月がいいでしょう。

TECHNIQUE

92/100

インフレ到来に備えて外貨建て現金買付余力を持つ

G7など先進諸国では〝カネあまり〟の状況がしばらく続いてきました。コロナ禍で落ち込んだ経済立て直しのため、日本をはじめとする先進諸国で財政出動された結果、さらに〝カネあまり〟が深刻化するのではないかと考えられます。

そうしたカネあまりから生じやすいのが、インフレです。インフレでは貨幣価値が下がり、モノの値段は上がります。度を越したカネあまりは、単なるインフレを超える「ハイパーインフレ」を招くと危険視されています。

もし日本でハイパーインフレが起こると、企業の業績が一気に悪化し、それを嫌った外国人投資家が売りに走るため、日本株の暴落が懸念されます。それは割安成長株を仕入れるには、絶好のタイミングと私は見ています。

インフレだと為替相場は円安に傾きやすくなり、円建て資産は目減りします。米ドルなどの外貨建て資産で現金買付余力があれば、円建てに換算すると購買力は拡大します。外国人投資家にとって日本株が暴落して円安になると、滅多にないバーゲンセールのようなもの。**彼らは一転して買いに走るでしょうが、米ドルなどの外貨建て資産が手元にあれば、個人投資家も同じ投資行動がとれます。**

インフレショックで株価が暴落しても、日本株はいずれ反転することが予想されます。なぜなら、株式は突き詰めるとモノだからです。インフレで日本円の価値が半分になったと仮定すると、企業の本質的な価値が変わらなければ、1株2000円だった株価は4000円に上がります。

なんの前触れもなく襲ってくる地震のように、どんなきっかけで、どのくらいのインフレに見舞われるのかは、誰にも予想できません。災害に備えるには、日頃の心構えが不可欠。同じようにハイパーインフレのような非常時に慌てないためには、米ドルなど外貨建てでも現金買付余力を持ち、どのような投資行動をとるべきかをシミュレーションしておかなくてはなりません。

93/100

TECHNIQUE

ベンチャーキャピタルが大株主の銘柄は要注意

株式市場には、「上場ゴール」という言葉があります。IPO（新規株式公開）を果たした銘柄が、上場直後に最高値をつけ、以後は株価が長期にわたって低迷することがあります。そういう銘柄を、まるで上場がゴールだったようだという意味で、「上場ゴール」と皮肉って呼んでいるのです。

上場後に人気が低迷して株価が下がったIPO銘柄を拾うIPOセカンダリー投資では、「上場ゴール」銘柄をつかむことは避けたいもの。そのために気をつけるべきポイントがあります。

個人投資家は、上場で得られた資金を原資として企業成長が急加速することを期待してIPO銘柄に投資します。

しかし、実質的なオーナーであるベンチャーキャピタルや投資ファンドが、出資金を回収するために上場を急ぐケースにおいては、「上場ゴール」に至るパターンが多いように見受けられます。

企業の株主構成をチェックしてみて、ベンチャーキャピタルや投資ファンドが大株主に名を連ねている銘柄は要注意です。こうした銘柄では、総じてＩＰＯ時の公開価格も割高になる傾向が見られます。

一方、経営陣や従業員持株会が大株主に名を連ねているケースでは、個人投資家と大株主の利害が一致しています。どちらも株価の下落を望んでいませんから、「上場ゴール」になるリスクは低いだろうと考えられます。

必ずしも「上場ゴール」になると断定はできませんが、バイオ・創薬関連のように上場時に発行される株数が多すぎる銘柄も、飛びつくべきではないでしょう。

投資家の需給を見極めて公開価格を決めるＩＰＯブックビルディングでは、発行される株数が少ないほど株価は上がりやすく、多くなるほど株価が上がりにくい傾向があり、後者では公開価格を割り込むことも少なくありません。

94/100 TECHNIQUE

「指値注文」と「成行注文」使い分けのポイント

株式を売ったり買ったりするときには、「指値注文《さしね》」と「成行注文《なりゆき》」が選択できますが、私はどちらか一方に決めるのではなく、ケース・バイ・ケースで使い分けています。「指値注文」は、売買する価格を決めて注文を出すもの。「成行注文」は、売買する価格を決めないで注文を出すものです。

損切りするとき、私は「この値段なら売れるだろう」という水準で「指値注文」をするケースが大半です。たとえば、1株3000円の銘柄に悪材料が出ると、ストップ安（値幅制限の下限）は2300円となります（値幅制限は株価で変わり、3000円以上5000円未満は700円）。この場合、2900円で「指値注文」を出しても、約3％安の水準ですから、売れないことも考えられます。かといっ

て「成行注文」にすると、ストップ安の株価で売買が成立する恐れもあります。そんなとき私は10％安の2700円前後で「指値注文」を出します。ただ素早く損切りしたいなら、「成行注文」で確実を期すという考えもあります。

では、買うときは、「指値注文」と「成行注文」のどちらが良いでしょうか。「指値注文」だと、指定した株価以上では買えません。「指値注文」が成立しないまま、その日の取引が終了することも考えられます。「成行注文」であれば、その時点での最安の売り注文で売買が成立します。

そうした違いを頭に入れたうえでいうなら、**中長期投資での買い注文では、「指値注文」でも「成行注文」でも大差はありません。**

中長期投資ではプラス30～100％（2倍株）の利益確定、ことによっては5倍株、10倍株を狙います。ならば「指値注文」で1株1000円で買おうが、「成行注文」で1株1030円で買おうが、それは誤差の範囲です。買おうと思っている銘柄をその日のうちに確実に買いたいなら「成行注文」、この株価でないと買いたくないという譲れない条件があるなら「指値注文」でいいでしょう。

TECHNIQUE

95/100

従業員数が少なすぎる企業はリスクが大きい

割安成長株投資では、結果として中小型株が銘柄選定の検討先となるケースが多くなります。中小型株は発行している株式数が少ないこともあり、売り買いが活発ではないケースが多いです。事業規模・売上規模が小さいため、従業員数もそう多くありません。

業種を問わず、上場企業の体をなすには、営業・財務・人事・広報・情報システム・法務といった業務を担う部署が必要です。従業員数が少ない＝少数精鋭といえば聞こえはいいのですが、なんらかの事情で1人でもキーパーソンが抜けてしまうと、企業活動に支障が出る可能性もあります。

私は過去に従業員数が少なすぎて、投資を躊躇した銘柄もあります。

たとえば、試作用プリント基盤の製造委託をオンラインで提供するピーバンドットコム（３５５９）。成長性に期待して投資を検討したことがあったのですが、投資を検討した２０２０年６月時点の従業員数は、たった26人でした。新規上場した２０１６年段階では、17人だったのです。有能な社員が数人辞めたら、事業の継続ができないかもしれないと心配し、投資を見送りました。

天気予報サイトを手がけるＡＬｉＮＫインターネット（７０７７）は、ＩＰＯセカンダリー投資の候補としてチェックしていたのですが、従業員数が12人（２０２０年5月時点）と少なすぎたため、やはり投資を見送りました。

従業員数が何人以上でないと投資しないと決めているわけではなく、従業員数を投資の絶対的な判断基準にしているわけでもありません。それでも過去には、財務・経理担当の社員が一斉に退職して決算発表ができなくなった企業もあります。投資に際しては、従業員数を頭の片隅に留めることも大切です。従業員数は、証券口座の「会社四季報」情報や各企業ホームページのＩＲ情報などでチェックすることができますし、「会社名」「社員数」のキーワード検索でもわかります。

96/100

TECHNIQUE

夜間取引の賢い活用法

日本の株式市場は「前場《ぜんば》」と「後場《ごば》」に分かれており、前場の取引は9時～11時半、後場は12時半～15時となっています。

私がメインで利用しているSBI証券では、前場と後場以外の時間帯でも取引できます。なかでも私が活用しているのは、16時半～23時59分までの夜間取引（SBI証券以外でも、夜間取引ができるところはあります）。

日本企業は、株価の動揺を抑えるために、後場が終わる15時以降にIR情報を公表するケースが大半です。そこで業績の上方修正や下方修正が明らかになっても、夜間取引なら翌日の前場の開始を待たずに売買できます。

夜間取引の課題は取引参加者が少なく、商いが薄くて出来高が少なすぎること。

対象銘柄に思わぬ悪材料や好材料が出たときに、株価が本来の需給よりも偏ってしまうこともあります。**私のこれまでの経験では、悪材料が出た銘柄では夜間取引の株価は下がりすぎ、好材料が出た銘柄に関しては株価が上がりすぎる傾向があるように思われます。**この夜間取引の特徴をとらえると、狙っている銘柄を思った以上に安く買えたり、保有株を期待以上に高値で売ったりすることができるかもしれません。例を挙げましょう。

後場が終わってから悪材料が出た銘柄や、買いたいと思っていた銘柄は、夜間取引を活用し、値幅制限いっぱいのストップ安の水準で、売買価格を決める指値注文の買いを入れます。終値が1株３０００円の銘柄は、ストップ安の値幅制限は２３００円。その値で指値注文を入れると、まれに夜間市場で投げ売りする人がいて買えることがあります。翌日はなぜか２８００円の値がついたりすることもありますから、思わぬおトクな買い物ができることもあるのです。

保有銘柄が後場終了後に大幅な下方修正を発表したら、翌日市場が開いてストップ安になる前に夜間取引の指値注文で素早く損切りすることもできます。

TECHNIQUE 97/100

フランチャイズ運営の上場企業は投資対象外

割安成長株を探す際、低ＰＥＲで高配当利回りという条件でスクリーニングすると、フランチャイズ（ＦＣ）運営を主力事業としている企業がヒットすることがあります。ここでは「ＦＣ運営企業」と呼びましょう。

ＦＣ運営企業は、コンビニや外食産業のようなフランチャイザーが開発したフランチャイズシステムとノウハウ・商標・ブランドなどを活用してビジネスを展開します。おもな「上場企業」とその「運営ブランド」は次の通りです。

ありがとうサービス（３１７７）	ブックオフ、ハードオフ、モスバーガー
ホットマン（３１９０）	イエローハット、ＴＳＵＴＡＹＡ
エコノス（３１３６）	ブックオフ、ハードオフ

シー・ヴイ・エス・ベイエリア（2687）	ローソン
フジタコーポレーション（3370）	ミスタードーナツ、モスバーガー、牛角

フランチャイザーの一例を挙げると、ブックオフは全国に７９５店舗を展開していますが、そのうち直営店は４０９店舗、ＦＣ加盟店が３８６店舗とほぼ半々という状況になっています（２０２１年6月時点）。

ＦＣ運営企業は、その企業の経営がどれだけ優れているとしても、フランチャイザーの経営方針やブランドの人気に左右される部分が大きくなります。

日本におけるＦＣチェーン数は１３２４チェーン。売上高は26兆６４８０億円であり、10年連続で右肩上がりの成長を続けています（出典：２０１９年度「ＪＦＡフランチャイズチェーン統計調査」）。

このようにＦＣビジネス自体は堅調なのですが、コロナ禍で外食業に打撃を受けるところが増えたり、フリマアプリの普及でブックオフに代表されるリユース業が打撃を受けたりしています。ですから私は、よほど強くて環境変化に柔軟に対応できるＦＣを手がける運営企業でない限り、投資対象からは外しています。

98/100

TECHNIQUE

「貸株サービス」の税制上のデメリット

証券会社が提供するサービスの1つに「貸株サービス」があります。これは、自分が保有している株式を証券会社に貸し出し、貸し出した株式に応じた「貸株金利」を受けとれるサービスです。「貸株金利」は銘柄によって異なります。SBI証券では、医療支援事業を行うベンチャー企業のテラ（2191）が最高で12・75％、「いきなり！ステーキ」で知られるペッパーフードサービス（3053）が10％となっています（2021年5月末時点）。

「貸株サービス」を利用すると、株式の名義が証券会社になってしまうため、本来なら株式優待を受ける権利はなくなってしまいますが、多くの証券会社では株主優待の権利が確定する日のみ、名義を証券会社から「貸株サービス」を申し込

んだ人の名義に戻し、個人投資家が株主優待を受けられる環境を整えています。**お得なサービスに思えますが、私は「貸株サービス」を利用したことはありません。理由は、税制上のデメリットがあるからです。**

「貸株サービス」で得られる「貸株金利」の収入は税法上「雑所得」となり、総合課税の対象となります。すると、サラリーマンは給与所得とともに「雑所得」を合算した確定申告が求められます。企業から支払われる配当金に関しても、株主優待と同時に支払われる際は配当金として受けとれるのですが、それ以外は源泉徴収後に配当金相当額として証券会社から支払われるため、こちらも「雑所得」となってしまい、総合課税の対象となります。

確定申告をすると、給与所得と「雑所得」が合算されて所得税や住民税の金額が確定します。**「貸株サービス」を利用すると「貸株金利」を上回る納税が発生して、結果として損をすることも考えられるのです。**

また証券会社が破綻した場合、「貸株サービス」の利用者は投資者保護基金による保護対象とならないため、大きなリスクを負うことにもなりかねません。

TECHNIQUE 99/100

配当金を受けとる3つの方法

保有銘柄からの配当金の受けとり方法には、おもに次の3つがあります。

①配当金領収証と引き換えに郵便局などの窓口で受領（配当金領収証方式）

②保有全銘柄の配当金を証券口座で受領（株式数比例配分方式）

③保有全銘柄の配当金を指定金融機関の口座に入金（登録配当金受領口座方式）

私は株式投資を始めた頃、①「配当金領収証方式」を選択していました。配当金の存在を現金でリアルに感じたかったというのが選択理由だったのですが、すぐに面倒くさくなってやめてしまいました。

その後は②「株式数比例配分方式」に変更してから、現在は③「登録配当金受領口座方式」を選んでいます。主要な受けとり方法を網羅したことになります。

株式投資に回す余裕資金を少しでも確保したいなら、②「株式数比例配分方式」で証券口座に入金、再投資するのが正解です。 こうすれば複利のパワーを最大限に享受できるでしょう。

私が②「株式数比例配分方式」を経て、③「登録配当金受領口座方式」に落ち着いたのは、配当金くらいは自由に使いたいと思ったからです。

利益確定で得た値上がり益は、証券口座に入れたままにして、再投資の原資や現金買付余力としてキープしています。ですから、どれだけ多くの値上がり益が得られたとしても、証券口座の資産額が膨らむのみであり、利益が出たという実感はありません。そのかわり配当金は銀行口座に入金して、国内旅行などの日々のプチ贅沢で消費しているのです。株式投資を長く続けるには、こうした小さなワクワク感を得ることも必要だと個人的には思っています。

なお、ＮＩＳＡ（少額投資非課税制度）を利用している個人投資家は、配当金は証券口座で受領する②「株式数比例配分方式」を選ぶようにしてください。そうでないと配当金が非課税扱いにならないからです。

100/100

TECHNIQUE

株式投資でセミリタイアを実現するための4つの課題

株式資産2億円を達成したら会社員を辞めようと思っていたのですが、それをクリアした現在でも私は会社員のままです。理由は4つあります。

① 余計なプレッシャーを避けたい

会社員を辞めて、安定的な給与収入が途絶えると、生活費を株式投資で得た資産でまかなう必要があります。これまでは毎月の給与収入があるおかげで、そうしたプレッシャーがなく、自由に株式投資をしてきました。生活費をカバーしないといけないとなると、自由な運用ができなくなるかもしれません。

② 会社員を辞めた後にやるべきことが見つからない

私は、平日は会社員としての本業で忙しく、その合間を見て株式投資をしてい

ます。会社を辞めても、いまの投資手法を貫いている限り、株式投資に割く時間を増やす必要性を感じません。すると、仕事に費やしていた時間を何にふり向けるかが悩ましいところ。私には、株式投資以外にこれといった趣味がないため、暇を持て余しそうなのです。

③ インフレ懸念に対応できない

私は２０２１年現在45歳です。40代で会社を辞めると、特殊なスキルがない限り、元の給与水準で再就職するのは困難でしょう。会社員の給与はインフレに応じて増えるでしょうが、株式資産は必ずしもそうではありません。

④ 家族・親族・友人に勤務先を辞めた理由が説明できない

40～50代で早期リタイアすると、「今後どうやって生活するの？」「働かなくても平気なの？」という疑問が外野から湧き上がります。そこで「株式投資で作った資産で、働かなくても生活できるから大丈夫」とカミングアウトできるのかが焦点になります。「在宅でできる面白い仕事を見つけたから、これからはフリーで活動する」といった説明で周囲を納得させる手もあると思っています。

おわりに

私は、割安成長株への投資を得意としていますが、「○○投資法」というような特別な投資手法を持ち合わせているわけではありません。株式投資を続けるなかで失敗から学び、工夫を積み重ねることで投資手法をブラッシュアップしてきました。

株式投資で資産2億円を達成したのは、株式投資の運用改善を継続し続けることにより、なし得たものです。

本書で紹介した実践的投資法は、サラリーマンや主婦（主夫）として働きながら株式投資をしたい人にも、しっくりくるものが多いと思います。

ぜひ、皆さんがしっくりきた投資の観点や投資手法を自分のものとしていただいて、運用するなかで自分自身の工夫を加味しながら、最適な投資スタイルを作り上げてほしいと思います。

これから株式投資を始める人、始めたばかりの初心者は、最初のうちはなかなか成果がともなわずに損をしてしまうかもしれません。ただ、それは株式投資で成功した人が誰しも通った道なのです。どうか、そこで諦めず、嫌にならずに続けてほしいと思います。

一時的に損をしたからといって、「自分には株式投資は向いていない」とか「自分にはセンスがない」などと判断せず、「次回は同じ失敗はくり返さない」と、反省を次回以降の運用に活かしていけばいいだけです。私もそうだったのです。

株式投資は、市場から退場せず、継続すること自体が力になります。私自身、取引回数からすると成功より失敗のほうが多いです。失敗から学び、改善をくり返していけば、運用成績は向上して、大きな資産形成に結びつくと思います。

すでに年金をあてにできない時代が到来しています。ＦＩＲＥ（経済的自立と早期リタイア）するという人生目標とともに、老後資金を自力で形成するためにも、株式投資は有効な手段です。本書が皆さんの人生設計に役立つことを著者として切に願っています。

このたびは本書をお読みいただき、ありがとうございました！

２０２１年８月

弐億貯男

弐億貯男 金融資産一覧

（2021年7月27日現在）

個別株

● 株式（現物／特定預かり）

銘柄コード	銘柄	保有株数	取得単価	現在値	損益（金額）	損益（%）	評価額
7199	プレミアグループ	7,000	1,113	3,740	18,389,000	236.03	26,180,000
7676	グッドスピード	5,000	1,093	2,421	6,640,000	121.50	12,105,000
7039	ブリッジインターナショナル	4,000	1,262	2,590	5,312,000	105.23	10,360,000
9029	ヒガシトゥエンティワン	9,000	494	737	2,187,000	49.19	6,633,000
7091	リビングプラットフォーム	1,500	2,865	3,910	1,567,500	36.47	5,865,000
1326	SPDRゴールド・シェアーズ	115	14,169	18,550	503,815	30.92	2,133,250
8591	オリックス	100	1,644	1,924	28,000	17.03	192,400
8570	イオンフィナンシャルサービス	3,000	1,267	1,404	411,000	10.81	4,212,000
2983	アールプランナー	1,800	2,414	2,646	417,600	9.61	4,762,800
7453	良品計画	2,000	2,170	2,177	14,000	0.32	4,354,000
7198	アルヒ	3,000	1,461	1,418	-129,000	-2.94	4,254,000
9145	ビーイングホールディングス	2,000	1,551	1,466	-170,000	-5.48	2,932,000
9551	メタウォーター	1,500	2,230	2,043	-280,500	-8.39	3,064,500
7362	T.S.I	2,000	2,100	1,912	-376,000	-8.95	3,824,000
3395	サンマルクホールディングス	100	2,432	1,584	-84,800	-34.87	158,400
					含み益（金額）	含み益（%）	評価額
					34,429,615	60.83	91,030,350

投資信託

● 投資信託（金額／特定預かり）

ファンド名	数量	取得単価	現在値	利益（金額）	利益（%）	評価額
SBI-SBI・バンガード・S&P500インデックス・ファンド	370,509	13,630	15,508	69,581.59	13.78	574,585.35
レオス ひふみワールド＋	290,360	13,949	15,019	31,068.52	7.67	436,091.68
SBI-EXE-iグローバル中小型株式ファンド	80,754	22,290	22,641	2,834.46	1.57	182,835.13

企業型確定拠出年金

● 残高・時価評価額

年金資産評価額		運用金額		評価損益
21,814,263円	−	10,223,868円	＝	11,590,395円

● 運用利回り

初回入金来	直近1年
11.20%	16.13%

● 資産別・配分率

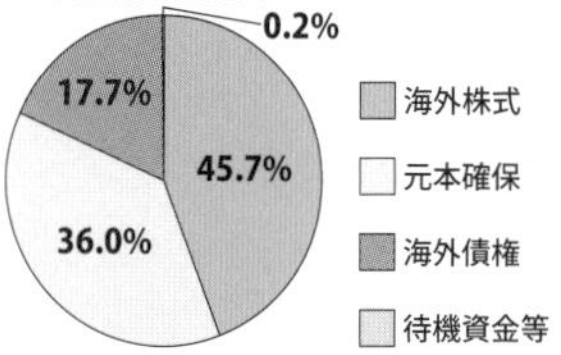

コモディティ積み立て

	現在の評価額	現在の預り地金残高
金	8,462,187円	1,214.95862 g
プラチナ	813,233円	197.29077 g
合計	**9,275,420円**	

外貨建てMMF（特定預かり）

銘柄	保有金額（米ドル）	取得為替（米ドル）	円換算評価額	円換算評価益
ブラックロック・スーパー・マネー・マーケット・ファンド	143,153.82	109.49	15,795,592	**122,740**

［著者］
弐億貯男（におく・ためお）
現役サラリーマン投資家。投資経験ゼロの初心者ながら、入社３年目に株式投資で生涯賃金２億円を貯めることを決意。忙しい営業職でも実践しやすい割安成長株の中長期投資で、年率30%キープという驚異的なパフォーマンスを発揮。みるみる資産を増加させて計画前倒しで目標達成。Twitter（弐億貯男@2okutameo:10万フォロワー）、ブログ「サラリーマンが株式投資でセミリタイアを目指してみました。」（ライブドアブログ「金融・株式」カテゴリ1位）と注目を集める。資産２億円は達成したが、会社員には社会性が養われ、安定収入を得られるメリットもあり、とりあえずサラリーマンを続けつつ、資産増加中。年率10%を目標に、2024年に３億円、2029年に５億円達成を目指す。2021年現在45歳。前著『10万円から始める！ 割安成長株で２億円』がベストセラーに。

割安成長株で２億円 実践テクニック１００

2021年９月７日　第１刷発行
2021年９月22日　第２刷発行

著　者――弐億貯男
発行所――ダイヤモンド社
〒150-8409　東京都渋谷区神宮前6-12-17
https://www.diamond.co.jp/
電話／03･5778･7233（編集）　03･5778･7240（販売）
ブックデザイン―渡邉雄哉（LIKE A DESIGN）
編集協力――井上健二
イラスト――福田玲子
校正――――三森由紀子、鷗来堂
製作進行――ダイヤモンド・グラフィック社
印刷・製本―三松堂
編集担当――斎藤順

ISBN 978-4-478-11364-6